EL ESTUDIO DEL DELINCUENTE

Tratamiento Penitenciario

HILDA MARCHIORI

EL ESTUDIO DEL DELINCUENTE

Tratamiento Penitenciario

Séptima edición
Cuarta reimpresión

EditorialPorrúa®

Primera edición: 1982
Séptima edición, tercera reimpresión: 2016

Esta edición y sus características son propiedad de
EDITORIAL PORRÚA, SA de CV 9
Av. República Argentina 15 altos, col. Centro,
06020, Ciudad de México
www.porrua.com

Queda hecho el depósito que marca la ley

ISBN 970-07-6963-1

IMPRESO EN MÉXICO
PRINTED IN MEXICO

Deseo expresar mi agradecimiento a los criminólogos y penitenciaristas mexicanos. En especial al doctor Alfonso Quiroz Cuarón, licenciado Antonio Sánchez Galindo, licenciado Javier Piña y Palacios, doctor Sergio García Ramírez y doctor Luis Rodríguez Manzanera, creadores de una *nueva escuela penitenciaria mexicana,* que transformó los sistemas carcelarios en Instituciones de respeto, humanismo y asistencia técnica para una más cercana comprensión del hombre con una conflictiva antisocial.

A todo el personal de Readaptación Social del Estado de México.

Toluca, septiembre de 1981.

HILDA MARCHIORI.

ÍNDICE

Capítulo I

EL INGRESO A LA INSTITUCION PENITENCIARIA

Capítulo II

EL DIAGNOSTICO CLINICO CRIMINOLOGICO

Capítulo III

EL ESTUDIO DE LA ESTRUCTURA FAMILIAR DESDE UNA PERSPECTIVA CRIMINOLOGICA

Capítulo IV

METODOS EN EL DIAGNOSTICO CLINICO-CRIMINOLOGICO

Capítulo V

TRATAMIENTO PENITENCIARIO

Capítulo VI

TRATAMIENTO DE GRUPO

Capítulo VII

PERSONALIDAD DE LA MUJER DELINCUENTE

Capítulo VIII

SALIDA DE LA INSTITUCION PENITENCIARIA

EL ESTUDIO DEL DELINCUENTE

Tratamiento Penitenciario

Capítulo I

EL INGRESO A LA INSTITUCION PENITENCIARIA

Es evidente que una de las mayores situaciones de *stress* desde el punto de vista existencial es la pérdida de la libertad, el encierro, la incomunicación con el núcleo familiar y con la comunidad, el cambio radical de modo de vida, de relaciones interpersonales, las limitaciones psicomotrices, las limitaciones culturales y especialmente la percepción existencial del tiempo.

El ingreso a una institución penitenciaria siempre implica un cambio existencial de modo de vida, provoca una intensa angustia y un temor indiscriminado y general.

Aún reciente su conducta delictiva y la crisis que desencadenó el conflictivo, el individuo luego de pasar por las situaciones policiales y judiciales ingresa a la institución penitenciaria.

¿Cómo reacciona este hombre al ingresar a un lugar de encierro y especialmente quién lo recibe y cómo se lo recibe? De este momento, a nuestro criterio clave del tratamiento penitenciario, dependerá en gran parte el futuro del individuo, su recuperación, su respeto y esencialmente su salud física como mental.

Es un momento vivencial de enorme trascendencia porque de ese presente que constituye el ingreso del individuo a la cárcel estará su futuro, integrado a ese presente y en relación a su pasado.

Significa la comprensión y captación de la problemática de cada individuo en particular, teniendo en consideración su historia personal y familiar.

Desde una perspectiva institucional el ingreso del individuo que ha cometido un delito implica asumir la responsabilidad del tratamiento. Las características de la institución y principalmente sus objetivos marcarán definitivamente al individuo que ingresa porque es evidente que si la meta institucional es sólo la "seguridad" o la custodia del individuo, la institución caerá rápidamente en aspectos irracionales y sumamente primitivos, en la dependencia individuo-institución, sin ninguna posibilidad del análisis histórico-personal del hombre que ha cometido el delito.

Cada hombre es único y particular, diferente a los demás, cada persona reacciona de una manera propia, basado en su desarrollo, en sus experiencias, en sus relaciones interpersonales, en sus conflictos, en su inteligencia y vivencias.

El hombre que ingresa a una institución penitenciaria puede ser un anciano, un joven, un menor (se observa frecuentemente los menores que permanecen en las cárceles esperando conseguir su certificado de nacimiento para aclarar su inimputabilidad), un profesional, un campesino, un obrero, un reincidente o una persona que llega por primera vez, un enfermo mental, un hombre inteligente, un trabajador, una persona que ha rechazado el trabajo, un hombre con limitaciones intelectuales, un débil mental, un hombre impedido físicamente. Una mujer, porque en la mayoría de los países la mujer ingresa a la cárcel de hombres.

Observamos que en la relación interno-delincuente institución penitenciaria se plantean dos situaciones claves: el *ingreso* y el *egreso,* es decir fundamentalmente quién es el individuo que llega a la institución y cómo sale de la institución penitenciaria.

¿Le interesa a la institución conocer quién es ese individuo que ingresa, conocer la problemática de personalidad, los motivos que lo condujeron al delito, la estructura familiar, la asistencia de ésta para la recuperación social? ¿Entre los objetivos fundamentales de la institución está el respeto, cuidado y enseñanza pedagógicas, laborales del individuo? ¿O a la institución le interesa los aspectos de seguridad y el individuo se aloja en determinada área y asimila la patología del medio delincuencial, sin ninguna posibilidad de reconsiderar su conducta delictiva y su relación con el medio social y preparándose de esta manera para una reincidencia criminal?

Desde el momento del ingreso se plantean los objetivos de tratamiento institucional penitenciario, sea éste represivo, indiferente al futuro del interno-delincuente o interesado en la asistencia y recuperación social.

En este libro nos interesa referirnos al estudio del delincuente, entendiendo como estudio al conocimiento, desde una perspectiva clínica criminológica de todo lo relacionado a la historia del individuo, de la familia y del medio social. Es plantear la difícil tarea de *diagnóstico* y *tratamiento* partiendo del aquí y ahora de una determinada situación existencial, de que cada individuo es único en sus procesos vivenciales y con una manera también única de interactuar y comunicarse con los demás.

Hemos mencionado [1] que la delincuencia siempre involucra un doble fracaso, por una parte desde un enfoque individual es el fracaso de los mecanismos de defensa psíquicos que controlan los impulsos agresivos que están presentes en todo individuo pero que en el delincuente se proyectan realmente de un modo destructivo. El planteamiento individual está en relación a los aspectos de la personalidad de cada individuo, que es único en sus procesos de formación y evolución, es decir, los factores bio-psico-sociales que configuran una personalidad son diferentes en cada persona.

Desde un enfoque social, la delincuencia es el fracaso del medio familiar y social para brindar a ese individuo los medios adecuados para un sano desarrollo.

En la investigación clínica-criminológica, el objetivo principal es la comprensión del hombre en su modo social de existencia, del hombre real, en relación con un medio ambiente con determinada estructura histórica, social, cultural y económica.[2]

---

[1] Ver. H. MARCHIORI, *Personalidad del delincuente*. Ed. Porrúa, México, 1978.

[2] Ver POLITZER, *Los escritos psicológicos*. Ed. Alvarez, V. Bs. As., 1965.

A través de la Clínica criminológica se llega a comprender más claramente los procesos patológicos individuales y sociales. Se intenta conocer al hombre que cometió el delito, qué significado tiene pare él esa conducta, es decir aclarar este significado desde una perspectiva de la historia del individuo. Es relacionar la conducta delictiva en función de la personalidad y del inseparable contexto social en que el hombre está interactuando.

La conducta agresiva (delito) es la expresión de la psicopatología particular del individuo, de su alteración psicológica y social, por lo tanto el delincuente no sólo es un individuo enfermo sino que es el emergente de un núcleo familiar en la que el individuo traduce a través de la agresión, las ansiedades y conflictos del intra-grupo familiar.

El delito es desde el punto de vista clínico, la conducta que realiza un hombre en un momento determinado de su vida y en circunstancias especiales para él. Entonces cabe pensar que a la institución penitenciaria llega el hombre que ha tenido problemas en la adaptación psicológica y social que se ha enfrentado a una problemática conflictiva y que la ha resuelto a través de medios agresivos y violentos.

Al *ingresar* el individuo a una institución penitenciaria se presenta, como hemos señalado una intensa situación de *stress* y bloqueo emocional, especialmente en los que ingresan por primera vez. En los individuos reincidentes se producen otras situaciones, también de enorme importancia criminológica. Podemos decir que existen conductas que se presentan con mayor frecuencia al ingresar un individuo a la institución. La observación de estas conductas son importantes no sólo para el diagnóstico sino también para iniciar en forma inmediata la asistencia, el tratamiento clínico-criminológico. Es el planteamiento casi *simultáneo* de la tarea de diagnóstico-tratamiento y prevención.

Partiendo de un criterio de sistematización y en base a un enfoque clínico-criminológico para asistir de inmediato al individuo que llega a la institución penitenciaria, podemos mencionar las siguientes formas vivenciales y de reacción.

Reacción depresiva

Esta reacción se caracteriza por la siguiente sintomatología:

- El individuo se siente sumamente desvalorizado en su personalidad, está triste, no habla o el lenguaje está lentificado, la psicomotricidad, percepción, atención, pensamiento presentan también una marcada lentificación. Existen sentimientos de culpa, de minusvalía, de soledad y aislamiento. Hay una situación afectiva de aflicción, siente que el ambiente (familia, institución penitenciaria) le exigen demasiado y él no puede responder. Verbaliza que no hay motivos para seguir viviendo, su futuro (en la institución y post-institución es totalmente incierto) existe un desprecio de sí mismo. El núcleo familiar lo ha abandonado o siente vergüenza y culpa por el delito.
- Las situaciones o reacciones depresivas tienen por lo general una serie de consecuencias que están dadas principalmente por: abandono de la persona, de sí mismo, higiene, alimentación (se debilitan) se enferman físicamente. No tienen intereses, no desean trabajar ni participar en ninguna actividad.
- La comunicación es lenta, con mucha dificultad y tienden a aislarse.
- Pueden llegar a desarrollar una enfermedad mental de mayor gravedad; por ejemplo, una psicosis, confusión mental.
- Pueden llegar al suicidio. Estos suicidios suelen ser inmediatamente al llegar a la institución, la vivencia del ingreso a la cárcel provoca ideas de muerte.

Reacción impulsiva-agresiva

La angustia que es la base de toda conflictiva que tiene el ser humano, se proyecta en ciertos individuos a través de una reacción impulsiva de tipo agresivo.

La desesperación, es decir, la angustia que el individuo siente al ingresar a una institución penitenciaria se traduce en una agresión dirigida a empleados, custodios, internos.

La agresión puede ser:

a) *De tipo verbal.* De reproche, de insulto, de amenazas.
b) *De tipo físico.* Pegar, golpear, con el uso de diversos instrumentos.
c) *Fuga.* Este tipo de conducta por lo general, cuando se da al ingreso del individuo a la institución, es una conducta impulsiva, de pánico ante la situación de encierro, es una conducta no preparada.

Reacción de pasividad

En la sintomatología de esta reacción vivencial se observa:

— Una pasividad general, el individuo acepta todo lo que se le ordene. Se podría decir que hay una "adaptación" a las normas, reglamentos institucionales.
— Aceptan esa nueva situación de control existencial. Claro que esta adaptación no es inmediata al ingreso sino que se produce en forma progresiva. El individuo solicita trabajo, ir a la escuela, no crea conflictos internos ni con los custodios ni con los internos.
— En estos casos se observa que estos individuos, que por lo general están por homicidio, tienen conciencia de su accionar delictivo y es por ello que "aceptan" su permanencia en la cárcel, a través de un comportamiento pasivo.
— Se observan reacciones de angustia especialmente derivadas de la relación con el núcleo familiar y esta problemática puede llevar a conductas de agresión, casos de crímenes en la visita familiar o en la visita íntima.

Reacción de manipulación

Esta reacción vivencial de manipulación implica básicamente que el individuo desde su ingreso a la institución adopta una conducta de manipulación hacia los internos, empleados y especialmente frente a las autoridades.

— Es una conducta de seducción y engaño con el fin de obtener una amplia información, colocación o función dentro de la institución.
— La conducta de engaño, en especial con los empleados, técnicos y autoridades para conseguir un beneficio de tipo económico o de posición (para manipular a otros internos).
— Es un individuo inteligente, con un alto nivel cultural que fácilmente consigue trabajo en las áreas administrativas de la institución. Suele ser de los pocos internos en trabajar en oficina o archivos de la institución, las autoridades lo consultan y él "asesora" y brinda información sobre los internos.
— Sorprende a los demás porque a los pocos días de haber ingresado a la institución conoce perfectamente todo lo relacionado a los internos, empleados e institución. Explota esta situación con datos tanto a los internos como a las autoridades. Este individuo continúa con sus conductas de engaño y de explotación de internos.

Reacción de oposición

— Al ingreso a la institución el individuo manifiesta sistemática conducta de oposición indiscriminado.
— Adopta un comportamiento rebelde frente a las autoridades, técnicos y otros internos que no estén dentro de su grupo delictivo (especialmente se relaciona con internos reincidentes).
— El rechazo y oposición es al examen médico, psicológico, educativo, laboral, etc.

— Rechazan la alimentación y el dormitorio asignado y así como la visita familiar. Es decir esta rebeldía engloba también al núcleo familiar. Esto por la desconfianza básica que presenta y las perturbaciones en las relaciones interpersonales.
— Existen fuertes tendencias de autodestrucción que se manifiestan a través del tatuaje y marcas o heridas que se realiza.
— Comete repetidas y compulsivas conductas de robo dentro de la institución, especialmente a los internos.

Estas reacciones que hemos señalado son algunos *ejemplos* de lo que generalmente se observa en las cárceles y que en la mayoría de las veces, trae consecuencias gravísimas para el interno. Desde nuevos comportamientos violentos a manipulaciones y liderazgos hasta conductas autodestructivas. En todos los casos es evidente el desinterés por ayudar a un hombre, a su recuperación social.

El principio de todo tratamiento debe ser dirigido a remover las causas de la conducta criminal, señala Di Tullio,[3] o sea eliminar de la personalidad del delincuente todos los aspectos que directa o indirectamente sostienen su capacidad para delinquir. Cada vez que el tratamiento del delincuente se efectúa sin provocar sensibles modificaciones de la personalidad, de la actitud de la familia y del medio social, está generalmente destinado al fracaso.

Con demasiada frecuencia se llega a caer en el "error" de considerar como eficaz el tratamiento que viene a concretarse en una "adaptación" penitenciaria.

Al delincuente se lo aloja en la cárcel, esa institución tan particular de la sociedad, ese lugar público destinado a la custodia de los individuos que han inflingido las leyes, pero que frecuentemente no pueden enfrentar el conocimiento del hombre que ha delinquido y acentúa los aspectos represivos generando de esta manera mayor índice de reincidencias delictivas y nuevas formas de criminalidad.

---

[3] Ver Di Tullio, *Principios de criminología clínica y psiquiatría forense*. Ed. Aguilar, Madrid, 1966.

El delincuente debe modificar su actitud hacia la sociedad a la que ha agredido y dañado, pero según hemos expresado, él no puede hacerlo solo, sino que la sociedad, en este caso el personal penitenciario, debe brindarle los medios necesarios para ello.

Recibimiento al ingreso

El recibimiento y la entrevista inicial con el individuo que ingresa comprende fundamentalmente:

— El inicio de los estudios de diagnóstico debido a que en esa entrevista se preguntarán datos personales que permitirán un acercamiento progresivo de la situación del individuo.
— La actitud de tranquilización y seguridad que debe tener el entrevistador y todo el personal que reciba al interno es muy importante para atenuar los temores y angustia del interno, evitar las situaciones depresivas que pueden llevarlo al suicidio o a situaciones de agresión hacia otros internos.
— El individuo llega pensando que será encerrado en una celda solo o con delincuentes peligrosos, que no verá a su familia por mucho tiempo, que no le darán de comer, que no le dejarán ver la luz, etc. etc. La fantasía, aunque a veces basadas en situaciones reales, aumentan los temores y la angustia. Por ello en esa entrevista inicial realizada preferentemente por la Trabajadora Social, por un psicólogo o por la secretaria jurídica implica la seguridad individual del interno y establecer un rapport que será muy importante en el tratamiento.
— La Trabajadora Social, a partir de la entrevista inicial (nos estamos refiriendo a las primeras horas de llegada del individuo a la institución) recabará los datos sobre la situación familiar para permitir la visita en un corto tiempo (esa misma semana si es posible).

— Esa entrevista inicial se realiza a posteriori de los datos que el individuo debe proporcionar a la secretaria jurídica de la institución penitenciaria.

— En la entrevista inicial al preguntar sobre las actividades laborales y escolares permite informarle al individuo sobre las diferentes actividades que se realizan en la institución y sobre las obligaciones del interno. Es decir, que en esta primera entrevista no sólo es recabar datos sobre el interno sino principalmente informarle a él sobre los diferentes departamentos de la institución.

— La Trabajadora Social entrega al final de la entrevista el material impreso sobre el reglamento interno de la institución y sobre las obligaciones del interno.

— Es importante explicarle por qué debe asistir con el médico, el psicólogo, el trabajador social, el jefe de área de trabajo, el pedagogo, en esos primeros días que está en la institución.

— El aislamiento y la marginación siempre constituyen aspectos negativos para el tratamiento e implican una acentuación de la agresividad y conducta regresivas y confusionales. Por ello en ningún caso es conveniente que se aísle al que recién ingresa. La existencia de un área constituida por dormitorio-sala comedor y espacios verdes para que el individuo permanezca varios días hasta que se integre el estudio de diagnóstico de los departamentos técnicos es totalmente necesaria. El estar con individuos en su misma situación (recién ingresados) le da seguridad y lo protege de conductas que pueden desencadenar en nuevos comportamientos violentos.

— El personal penitenciario necesita estar apoyado en una actitud existencial de querer conocer y ayudar con un amplio sentido humano y técnico, al hombre que ha cometido un delito. Y esa actitud que marca el interés humano hacia alguien, en este caso el hombre que ingresa a prisión, debe comenzar inmediatamente cuando llega y un personal técnico lo recibe. Esto a nuestro criterio es, el comienzo del tratamiento.

Capítulo II

EL DIAGNOSTICO CLINICO-CRIMINOLOGICO

En la Criminología Clínica el *diagnóstico* representa uno de los aspectos esenciales porque conduce al conocimiento del hombre con una conflictiva antisocial, especialmente al proceso físico, psicológico y social de los elementos del delito. Referirnos al diagnóstico es comenzar a hablar del *tratamiento* que permitirá la rehabilitación del individuo.

El diagnóstico es un proceso en sí complejo y a la vez dinámico en la que entran todos los elementos para la comprensión del hombre, de su familia y de su medio social.

El diagnóstico de la personalidad del delincuente no termina ni se agota con el estudio inicial, sino que está en una constante evolución y dinámica dentro de la institución penitenciaria.

Si bien es cierto que cada individuo tiene una estructura básica de la personalidad que no cambiará y los estudios de diagnóstico se referirán a esa estructura básica, también es cierto que los modos y mecanismos que ese individuo utiliza para su relación interpersonal, cambian y a veces radicalmente, debido a que se hace consciente su problemática existencial de agresión hacia los demás y hacia sí mismo.

Es por lo anterior que nos estamos refiriendo a un diagnóstico dinámico y evolutivo porque es evidente que se modifica desde que el individuo ingresa a la institución penitenciaria con toda la carga de angustia que ello representa ante la privación de la libertad, por la ansiedad y temor ante el proceso judicial y la sentencia, hasta el momento de haber cumplido la sentencia.

Existe por lo tanto un *diagnóstico inicial,* un diagnóstico en función de los años de *estadía* del individuo en prisión y un diagnóstico *previo a la salida* de la institución penitenciaria, así como un diagnóstico *post-institucional.* En ese "cambio" diagnóstico influirá notablemente los objetivos institucionales en relación al concepto de tratamiento. El individuo recibirá toda la influencia de la prisión, asimilará los valores y la angustia de la situación de encierro.

Dependerá de los tratamientos asistenciales y terapéuticos para ayudar a ese individuo a la modificación de ese diagnóstico inicial. El individuo saldrá de la institución mejor preparado para evitar la conflictiva antisocial, de construir sus relaciones interpersonales de un modo más sano para él y su familia. Si los objetivos institucionales son represivos es decir sólo de encierro y seguridad, el diagnóstico inicial también tendrá modificaciones y es probable que el individuo salga con un mayor convencimiento de su accionar delictivo, de su conducta agresiva.

Es decir que los niveles de diagnóstico y tratamiento se dan permanentemente de una manera dinámica en la que el diagnóstico será la base para el tratamiento integral e interdisciplinario. Pero correlativamente los logros en el tratamiento permitirán observar un diagnóstico diferente especialmente en relación a su aquí y ahora y a sus metas futuras.

El realizar con cuidado la tarea diagnóstica ayudará directamente a plantear un adecuado y positivo tratamiento.

Desde una Criminología Clínica, el diagnóstico comprende:

Estudio del delincuente

Estudio médico. Es la exploración y observación física del interno, teniendo en consideración el estado de salud general que presenta; peso, estatura, antecedentes personales y familiares, examen de cabeza, cuello, tórax, abdomen, extremidades, aparato digestivo, circulatorio, respiratorio, urinario, genital, endrocrino, nervioso, órganos de los sentidos, agudez visual, auditiva, táctil, fuerza muscular, temperatura corporal, circulación respiratoria, circulación sanguínea, regulación autónoma; cicatrices y tatuajes; diagnóstico. Indicaciones a nivel de tratamiento.

Estudio odontológico. Comprende un examen bucal minucioso, como ser interrogatorio, percución, palpación, inspección, una ficha de identificación odontológica y una historia médica y dental cuidadosamente elaborada donde quedan registradas todas las condiciones en la que se encuentra la boca del paciente, esto es la identificación del problema, el diagnóstico bucal y el plan del tratamiento.[1]

Estudio psicológico. Es el estudio de la personalidad del interno, de sus múltiples y complejos aspectos que los han llevado al delito. En el diagnóstico individual se utilizan generalmente las siguientes técnicas: historia clínica, tests de inteligencia, tests proyectivos, tests de personalidad, entrevistas focalizadas y abiertas. Las técnicas deben seleccionarse teniendo en consideración la edad, nivel educacional, nivel socio-cultural, la problemática y conflictiva que presenta, es decir de su sintomatología. El estudio de todos los aspectos que configuran la personalidad permiten llegar a un diagnóstico.[2]

Estudio psiquiátrico. En este examen médico-psiquiátrico se acentúa la observación en relación a una sintomatología psicopatológica, esto es el diagnóstico de la enfermedad mental.[3]

Estudio pedagógico. Es la exploración pedagógica-cultural que revelará datos del historial escolar y de la actitud previa del alumno frente al maestro y a la escuela, de las relaciones entre alumnos. Se deberá considerar la edad de los internos, nivel educacional, problemas de aprendizaje, información cultural, tiempo probable de reclusión, resultados de las pruebas psicológicas y de los exámenes médicos, que completarán el diagnóstico pedagógico, para situar al interno en el área de alfabetización, continuación o complementación.[4]

---

1 Ver Isabel García Moreno, "Diagnóstico odontológico en delincuentes", *Rev. de Criminología Nº 3*. Estado de México, 1978.

2 Ver H. Marchiori, *Psicología Criminal*. Ed. Porrúa, México, 1980.

3 Ver Rafael Moreno González, "Servicio Médico Penitenciario", *Rev. Mexicana de Prevención y Readaptación Social,* 1972.

4 Ver Teresa Chavarría y Cristina Gutiérrez, "La educación en

Estudio laboral. El trabajo en la institución penitenciaria es una auténtica laborterapia y por lo tanto debe el diagnóstico tener esos objetivos. Conocimiento de los antecedentes laborales del interno y de sus intereses y aptitudes para planear el tratamiento como capacitación.[5] Esta capacitación a nivel industrial o semi-industrial o agrícola-ganadera, considerando la procedencia y trabajo del interno.

Estudio familiar. Trabajo Social realiza los estudios del núcleo familiar del interno. Asimismo la organización y control de la visita familiar y de la visita conyugal.

Estudio jurídico. Coordina la elaboración de las fichas de identificación y el expediente criminológico de cada interno. También controla los datos que aportan conocimientos acerca de la evolución y actualidad de la situación jurídica del interno, desde las copias del escrito de consignación, el auto de detención y de la formal prisión, hasta la sentencia ejecutoria, así como las constancias de notificaciones judiciales que recibe el interno en la institución.[6]

Estudio sobre seguridad personal y comunitaria. Es el sector encargado (Departamento de Vigilancia o Custodia) de informar al interno sobre su ubicación dentro de la institución, esto es el dormitorio, comedor, horarios de visita familiar, visita familiar, visita de abogados, etc. Proporciona la ropa al interno y lo orienta en cuanto a la asistencia a los diversos departamentos técnicos, asimismo en cuanto a la reglamentación interna, sobre el comportamiento, disciplina interna, esto es los deberes legales y reglamentarios en la institución (ejemplo, no poseer sustancias tóxicas, no poner en peligro la seguridad de la institución).[7]

---

instituciones preventivas", *Rev. Criminología Nº 5.* Estado de México, 1978.

5 Ver Gonzalo Higuera V. y Guillermo Andrade D., "Proyecto de instalación industrias en los centros de rehabilitación", *Rev. Mexicana de prevención y readaptación social,* 1975.

6 Eduwiges Villegas V., "El expediente clínico-criminológico en el Centro Penitenciario del Estado de México", *Rev. de Criminología Nº 2,* Estado de México, 1978.

7 Ver Trinidad Gutiérrez, "Seguridad en instituciones penitenciarias", *Rev. Criminología Nº 6,* Estado de México.

Estudio sobre actividades artísticos-culturales. Conocimiento de las actividades que el individuo realizaba anteriormente de índole artístico-cultural (música, danza folklórica, teatro, literatura, pintura, etc.) y detección de intereses de aprendizaje en tales áreas para su formación individual. Este diagnóstico permitirá la planificación de cursos artísticos-culturales.[8]

Estudio actividades deportivas. El maestro de deportes realizará el estudio sobre las actividades deportivas practicadas por el interno y las posibilidades de integración a nuevos grupos o actividades deportivas, ejemplo, futbol, atletismo, basquet, etcétera. Considerará la edad, físico, intereses y especialmente los aspectos psicomotores.[9]

Estudio religioso. La actividad religiosa realizada por el interno y su interés en relacionarse y participar de ceremonias, de acuerdo a sus creencias.[10]

Asimismo el diagnóstico comprende:

2. *Estudio de la familia.* El autor del delito como miembro de un grupo familiar y social.
3. *Estudio del delito.* Los procesos individuales, familiares y sociales que llevan al delito.
4. *Estudio victimológico.* Relaciones autor-víctima del delito. Familia de la víctima.
5. Análisis de todos los elementos relacionados al delito y personalidad del delincuente que permitan la elaboración de un diagnóstico clínico-criminológico, esto es comprensión de la dinámica delictiva por un determinado individuo.
6. El diagnóstico implica sólo el aquí y ahora de una situación. Si bien nos estamos refiriendo a un individuo con una personalidad básica, ésta asume en fun-

---

[8] Ver JULIA SABIDO, "Las actividades artístico-culturales, planificadas en el tratamiento de rehabilitación, *Rev. Criminología,* Estado de México, 1978.

[9] Ver BELANGER, *La educación física en la rehabilitación del delincuente juvenil* (inédito), 1980. Universidad de Ottawa, Canadá.

[10] Ver A. BERISTÁIN, *Criminología y religión.* San Sebastián, España.

ción de las circunstancias múltiples facetas, por lo que el diagnóstico al igual que la personalidad es dinámica y sujeto a modificaciones.

7. El diagnóstico permite la relación entre los elementos que llevaron al delito, conocer las *motivaciones* delictivas.
8. El diagnóstico señala los *criterios terapéuticos* y las medidas de tratamiento para la asistencia del individuo.
9. A través del diagnóstico se *evalúa* el tratamiento criminológico realizado por todos los sectores en la institución penitenciaria.
10. El diagnóstico integral permite el análisis de los elementos de *predicción* criminológica.
11. El diagnóstico en relación a una evaluación del tratamiento canaliza la salida del interno en forma progresiva y con controles terapéuticos (excursiones culturales, salida diurna, permiso de fin de semana, prelibertad, etc.), en las condiciones más favorables para el individuo, su familia y su medio social.

Estudio y análisis del delito

Para el diagnóstico clínico-criminológico es importante realizar un amplio, minucioso estudio y análisis de la *conducta delictiva.*

Consideramos que el estudio de la conducta delictiva debe hacerse siempre en función de la personalidad y del inseparable contexto social, ya que el individuo se adapta al medio social a través de sus conductas, y la significación y la intencionalidad de las mismas constituyen un todo organizado que se dirige a un fin.[11]

Una conducta agresiva, en este caso el delito, es la expresión de la *psicopatología particular* del delincuente, de su alteración física, psicológica y social. Es una conducta que

[11] Ver José Bleger, *Psicología de la conducta.* Ed. Eudeba, Bs. As., 1963.

transgrede las normas de la sociedad a la que ese individuo pertenece. Sabemos que por ejemplo a nivel psicológico toda conducta tiene una policausalidad que deriva de distintos contextos.

El delincuente proyecta a través del delito sus conflictos ya que esta conducta implica siempre perturbación y ambivalencia. La conducta delictiva posee una finalidad que es indudablemente, la de *resolver las tensiones* producidas, la conducta es siempre respuesta al estímulo configurado por la situación total, como defensa, en el sentido de que protege al organismo de la desorganización, es esencialmente reguladora de tensiones.

Toda conducta delictiva es siempre *un vínculo,* se refiere a otro. Es una experiencia con otros seres humanos y es evidente que la conducta actual (el delito) frente a objetos presentes (circunstancias y víctimas) está en gran proporción influida o condicionada por las experiencias anteriores.

El delito es una *conducta simbólica,* uno de los elementos más importantes en el análisis de la conducta delictiva es su carácter simbólico. Este proceso simbólico se impone más claramente en los crímenes cuyas motivaciones extrañas parecen surgir de mecanismos inconscientes.[12]

Toda conducta delictiva, en el momento que se manifiesta es *la "mejor" conducta* en el sentido de que es la más organizada que el individuo puede realizar y es la que intenta regular la tensión que siente y que le resulta intolerable.

Generalmente la conducta delictiva es una *conducta defensiva* para mantener el equilibrio, logrando a través de éste un cierto ajuste pero sin resolver el conflicto.

La *conducta delictiva es un síntoma,* es decir, una forma de organizar la experiencia, aunque sea de exponerla a la destrucción. La conducta delictiva es, como una defensa psicológica que utiliza el sujeto como un medio para no caer en la disgregación de su personalidad.

La conducta y las acciones pertenecen a un individuo y realizan de manera concreta la relación entre ese individuo y el

---

[12] Ver HESNARD, *Psicología del crimen.* Ed. Zeus, Barcelona, 1963.

mundo en el cual existe y actúa. El individuo a lo largo de sus continuas tentativas de adaptación al mundo en que vive y se desarrolla, descubre y crea el valor y la significación vital situacional que ese mundo adquiere para él. No todas las significaciones de la conducta son evidentes inmediatamente y en forma unívoca. Se trata de *integrar* la significación en la unidad y continuidad personal del individuo que actúa, inserto en un medio social, en un contexto histórico-cultural y en una escala de valores.

La conducta delictiva es una conducta concreta del individuo, pero el delincuente en su totalidad es más que ese aspecto, porque la conducta delictiva es solamente la expresión de su relación con la víctima en un lugar (espacio) y en una fecha (tiempo) determinados.

La conducta delictiva revela muchos aspectos acerca del delincuente pero no nos explica por qué ese hombre cometió esa conducta asocial. Para aproximarnos a una comprensión de la conducta delictiva es necesario conocer al individuo, su historia y los rasgos de su personalidad, es decir, todos sus aspectos.

La conducta delictiva es siempre *significativa,* tiene un sentido. Todo delito tiene un sentido cuando la relacionamos con la vida del sujeto en las situaciones concretas en que dicha conducta se manifiesta.

El *análisis* de la situación delictiva proporciona datos y conocimientos sobre el individuo que serán importantes para la integración del diagnóstico clínico-criminológico.

Las preguntas que deben plantearse, señala QUIROZ CUARÓN,[13] para un diagnóstico y conocimiento criminológico son: ¿qué, por qué, dónde, cómo, cuándo, quién?

¿*Qué* ha sucedido? ¿qué conducta, qué delito?
¿*Quién* es la víctima y quién el autor del delito y sus relaciones?
¿*Cuándo?*, ¿en qué momento sucedieron los hechos?

[13] QUIROZ CUARÓN, A., *Medicina Forense.* Ed. Porrúa, México, 1977.

¿Cómo? ¿de qué manera se produjo la conducta delictiva?
¿Dónde? ¿en qué lugar se realizó la conducta delictiva?
¿Con qué? ¿qué instrumentos utilizó para cometer el delito?
¿Por qué? Causas y motivaciones que llevaron al delito.

La reunión de todos estos datos a través de la investigación clínica criminológica permitirán elaborar un diagnóstico sobre la conducta delictiva.

El delito realizado, la naturaleza de la acción al indicarnos el tipo de conducta delictiva, revela por sí misma múltiples aspectos de la personalidad del delincuente. Cada delito tiene un valor dado de criminalidad o delictuosidad, por ejemplo, un hurto no tiene la misma criminalidad que un homicidio, ni un homicidio realizado por un solo individuo no es igual que un homicidio realizado por un grupo. Más adelante presentaremos las características más frecuentemente observadas de las conductas delictivas.

A la pregunta *quién* es el autor del delito y quién la víctima, implica la consideración de los estudios de personalidad, la tarea de elaborar el diagnóstico individual. Por ejemplo, en relación al autor del delito y tomando la edad, podemos decir que para apreciar el valor sintomático de la edad, se debe considerar que los procesos de maduración bio-psico-social no se dan rígidamente de igual manera en todos los individuos sino que es particular, propio de cada individuo. Por ejemplo si tomamos solamente la edad cronológica se nos plantea el siguiente problema: en un grupo de 7 sujetos que tienen una edad de 25 años y están en la cárcel por robo calificado. Si nos atenemos a la edad cronológica es evidente que no encontramos diferencias entre ellos, a lo sumo de meses o de días. Pero si conocemos su edad psíquica veremos algunos aspectos diferentes de la personalidad de estos ladrones. ¿Cuál será su inteligencia?, ¿en todos corresponderá a la de un sujeto de 25 años? Por medio de estudios veremos que los 7 sujetos no tienen la misma capacidad para resolver situaciones. ¿Cuál será por otro lado su maduración social? ¿Corresponderá a la madurez del término medio de los sujetos de 25 años? Es evidente que encontraremos que cada individuo presenta experiencia, y niveles educativos y de desarrollo diferentes.

De la misma manera podemos señalar aspectos relacionados a la educación, costumbres, relaciones interpersonales, de la víctima y del autor del delito.

El *cuándo* está referido a la conducta que el individuo ha realizado antes de cometer el delito, es decir a los factores desencadenantes o actuales, que actúan sobre la disposición. Existe una interacción entre los factores desencadenantes y la disposición en el sentido de que esta última acentúa, promueve, estructura la actuación de determinadas causas desencadenantes y estas últimas pueden a su vez modificar la disposición. En algunos internos se observó en el análisis de la conducta delictiva una tendencia lucrativa y de búsqueda de seguridad, es decir existía en ellos una meta que era conseguir el dinero y por ellos los preparativos del robo. En otros delincuentes pudimos apreciar una tensión, una situación de *strees* que había impactado al sujeto y lo había hecho perder sus controles sociales habituales, caso, por ejemplo, de los homicidas por alcoholismo o por discusión o pelea.

El *cómo* nos plantea no sólo las circunstancias del delito, de qué manera procedió en su conducta el autor del delito, sino también el grado de participación en la conducta. Esto indica que es necesario estudiar la dinámica de la participación del sujeto en la conducta delictiva. Por ejemplo, puede ser autor principal, es el que lo realiza, o los coautores del delito que toman parte en la "ejecución" al decir de Núñez, del hecho, supone una cooperación para que se ejecute, y una ayuda para que pueda realizarse.

Es muy importante para el diagnóstico clínico criminológico el conocimiento de la participación del individuo en el delito. Si ha sido realizado por varias personas, el grado de participación implica abordar el estudio de la psicología del grupo. Por grupo entendemos el conjunto de personas interdependientes, que constituyen un verdadero organismo cuya trama es el campo psicológico del grupo que engloba no sólo a sus miembros sino sus objetivos, sus acciones, sus recursos, sus metas.

En cada grupo a cada miembro le corresponde un tipo distinto de rol interpersonal que se va haciendo más evidente en la medida en que el grupo se integra más. En cada grupo existe una atmósfera emocional que prevalece y un distinto grado de intimidad. Las mismas tareas llevadas a cabo por distintos grupos de delincuentes varían considerablemente en estilo y organización.

Asimismo en el estudio de los problemas de las relaciones interpersonales y de las de grupo, es importante, en criminología, el estudio de las formas de comunicación, especialmente el lenguaje de la acción.

¿Dónde se realizó el delito? Las circunstancias del delito, vale decir sus accidentes de tiempo, lugar, modo y ocasión constituyen datos sobre la capacidad criminal del individuo, si fue en la casa de la víctima, en la vía pública, en la casa del autor tienen un valor simbólico muy importante. Ejemplo, en la iglesia; en la habitación del padre, en el dormitorio, mientras la víctima dormía.

¿Con qué instrumentos se realizó el delito? Los medios empleados no se refieren únicamente a las armas utilizadas para cometer el delito, sino que hacen referencia a todos los instrumentos subjetivos y objetivos que el individuo utilizó para hacer posible la conducta asocial. Por ejemplo, el engaño deliberado del estafador a su víctima antes de cometer la estafa y el ambiente preparado para ganar la confianza de la víctima. La selección del "medio" por el delincuente puede ser sintomático respecto a su personalidad.

¿Por qué motivos realizó el delito? Es decir se refiere a los motivos que determinaron al individuo a delinquir y esta pregunta nos enfrenta con uno de los problemas más serios que presenta el estudio de la delincuencia, la criminogénesis.

Toda conducta delictiva está sobredeterminada, es decir tiene una policausalidad muy compleja que deriva de distintos contextos o múltiples situaciones en los que se halla todo ser humano.

En la sobredeterminación se establece una jerarquía de importancias según las situaciones específicas del delito. Siempre hay un por qué específico al tipo de problemas que se investiga y la causalidad sólo tiene un sentido en un contexto delimitado de relaciones, de otra manera, se disuelve o diluye el delito que se estudia, en la infinita interacción con todas las demás conductas. Es decir se debe considerar que en forma explícita o implícita, la causa siempre se refiere a un esquema referencial, es decir a un conjunto "recortado" de relaciones, sobre el delito.

En los motivos, más que en ningún otro dato, se debe acentuar la consideración de cada caso en particular, atendiendo a la historia del individuo.

La conducta de homicidio

El homicida es el que causa la muerte de una persona. Desde el punto de vista del diagnóstico clínico criminológico implica preguntarnos: ¿quién es el individuo que mata a otra persona y por qué lo hace?

En nuestra experiencia hemos podido observar ciertas situaciones que se dan más frecuentemente que otras.[14] Esto nos permite referirnos a: el homicidio como una conducta individual y el homicidio como una conducta grupal.

El homicidio como una conducta *individual* se produce por lo general para solucionar un conflicto interpersonal. El sujeto se encuentra ante el hecho de que debe enfrentar un nuevo problema, esa circunstancia acumulada a otras, puede descargar en él una intensa agresividad, un descontrol sumamente impulsivo.

En el homicidio individual distinguimos: *Homicidio por alcoholismo.* La conducta delictiva en estado de embriaguez es muy frecuente en nuestro medio. La adicción alcohólica produce la desinhibición que da lugar a las conductas agresivas y violentas. Pero esta conducta está relacionada a trastornos en la personalidad, sentimientos paranoides, inseguridad y un marcado sentimiento de inferioridad. Es decir que el alcohol actúa como un desencadenante en la conducta delictiva.

---

[14] Ver H. Marchiori, *Psicología Criminal.* Ed. Porrúa, México, 1975.

Homicidio por discusión o pelea. El conflicto aquí está dado por una discordia que puede ser causado por un motivo sutil o por el contrario por una larga enemistad que conduce a la agresión homicida. Desde ambos enfoques se advierte el alto grado de simbolismo que representa para el homicida, la víctima y las circunstancias pre-delictivas.

Homicidio por búsqueda de dinero. Algunos homicidios son realizados por móviles pecuniarios. Las personas que cometen este tipo de conducta actúan por lo general de acuerdo a las normas y valores de la subcultura delictiva a la que pertenecen; entre estas personas se encuentran frecuentemente ladrones reincidentes.

VON HENTING [15] se refiere al asesinato por lucro y dice que el robo con homicidio representa la categoría más primitiva, debido a que su característica es la insuficiente relación entre motivo y acto. También este criminólogo se refiere al homicidio por cobertura, es decir que se comete el crimen para ocultar un hecho punible menos grave. El homicidio se da por temor a ser denunciado o a la persecución.

Homicidio por identificación emocional. Este homicidio es el resultado de un conflicto, donde se puede observar que el autor de la conducta delictiva ha sentido que han herido su propia estimación y el "prestigio" de su persona. Se manifiesta por ejemplo en el homicidio por celos. Entre los factores pre-delictivos deben tenerse en cuenta los contrastes y los conflictos que se desarrollan entre el sujeto activo y el sujeto pasivo de los celos. Son precisamente tales circunstancias las que hacen siempre más profundas las perturbaciones afectivas del sujeto y que provocan una progresiva debilitación de las fuerzas inhibitorias. Por eso comúnmente el homicidio por celos se comete por motivos muy sutiles o por circunstancias triviales que actúan como factores desencadenantes.

Homicidio en estado psicótico. Las conductas criminales pueden desarrollarse sin ninguna razón manifiesta, como los

---

[15] Ver VON HENTING, *Estudios de Psicología Criminal, el asesinato.* Ed. Espasa Calpe, 1960.

casos de homicidios cometidos por psicóticos esquizofrénicos. Se trata de conductas impulsivas, de crímenes cometidos aparentemente sin vacilación, el desencadenamiento imprevisto es propio de la impulsividad [16] psicótica, que puede manifestarse en el odio agresivo con respecto a un miembro de la familia o a un desconocido. La conducta delictiva se caracteriza por ser de extrema violencia hasta llegar a ser totalmente sádica. Las alucinaciones e ideas paranoides hacen que la agresión se proyecte de un modo a veces inesperado porque el individuo siente que debe matar a esa persona que lo está persiguiendo (en el caso de esquizofrenia paranoide). Es una conducta anticipatoria a nivel de los procesos persecutorios y por ello son inesperados, aunque en la práctica el delito y las alucinaciones ya están estructuradas desde antes, así como la desorganización de la personalidad. Aquí como en muchos casos la conducta agresiva traduce la verdadera dimensión de la enfermedad mental.

El homicidio en estado psicótico [17] puede desencadenarse en los cuadros de Esquizofrenia (en los tipos simples, hebefrénica, catatónica, paranoide) en las psicosis alcohólica (relacionada también a un profundo deterioro y a los delirios sistematizados de tipo persecutorios) en las psicosis degenerativas (los diversos cuadros de demencia senil) en las psicosis infecciosas, psicosis debida a traumas físicos, traumatismos cerebrales a raíz de accidentes o caídas que pueden implicar serios cambios en el comportamiento y una actividad descontrolada. También se producen homicidios en la psicosis maniaco-depresiva, en ambas fases se pueden producir conductas violentas, en la manía delirante aguda el sujeto está intensamente activo, con ideas delirantes, alucinaciones, la psicomotricidad es intensa y sus impulsos incontrolados llegan a ser violentos. En la fase depresiva, se dan los homicidios para que la "familia no sufra en el futuro", son los crímenes en que la madre o el padre mata a los hijos y luego se suicida.

---

[16] Ver E. Jacobson, *Conflicto psicótico y realidad.* Ed. Proteo, 1970.

[17] Ver H. Marchiori, *Personalidad del delincuente,* Ed. Porrúa, México, 1978.

EY expresa que se puede describir toda una serie de actos homicidas patológicos avanzados desde el más automático al más consciente. EY distingue: [18]

a) homicidios que son realizados en un estado de inconsciencia total o casi total, éste en el caso de los asesinatos en el curso de los estados confusionales;

b) en un nivel de trastornos menos profundos señala los actos homicidas perpetrados por enfermos demenciales o confusos cuyas impulsiones agresivas escapan al control de su inteligencia;

c) el homicidio puede estar determinado por una motivación delirante, depende entonces de sentimientos o ideas de persecución, de celos de envenenamiento;

d) al igual que el suicidio el homicidio puede presentarse como una obsesión, impulsión a la cual el sujeto se resiste hasta el límite de lo posible.

Homicidio sustituto. Se refiere esta conducta a la muerte de una persona que sustituye al individuo al que se pensaba matar. Al primer examen el homicidio parece cometido en el curso de una agresión o de algún otro delito, sin embargo, es posible que al realizarse un análisis psicológico pueda descubrirse una relación de carácter simbólico entre el autor y la víctima en que se pensaba primeramente.

Homicidio asalariado u homicidio por contrato. Varios criminólogos se refieren al homicida asalariado o contratado, como el individuo que presenta características específicas de personalidad. Este individuo realiza el delito a cambio de una cantidad de dinero que está previamente estipulada, por lo común desconocen a sus víctimas y no planean el crimen sino que se limitan a ejecutarlo lo que revela la índole de su patología.[19]

---

[18] Ver H. EY, *Tratado de Psiquiatría.* Ed. Torray Masson, Barcelona, 1961.

[19] Ver VON HENTING, *ob. cit.*

Homicidio político. Con respecto al crimen político podríamos mencionar que es calificado por sus consecuencias más que por su esencia. Para que esto suceda debe intervenir todo un conjunto de elementos políticos socio-económicos, culturales dentro del contexto de una determinada época histórica. Este tipo de crimen constituye un instrumento táctico que es valorado o repudiado en diversa medida por diferentes grupos politizados que luchan entre sí.[20] Desde el punto de vista psicológico el individuo que comete un homicidio político presenta una estructura de personalidad con marcados rasgos psicopatológicos, individuos con un gran carga de agresividad que racionalizan sus conductas violentas justificándolas en relación a sus ideas políticas. Existe agresión hacia la autoridad, exhibicionismo, pertenencia a un grupo violento, delirios de grandeza para sentirse identificado y temido.

Homicidio de grupo. En el homicidio grupal se observa una problemática de interdependencia, propia de un grupo enfermo, en la que todos los integrantes están relacionados a una específica patología. En el homicidio grupal distinguimos: *a)* homicidio por robo, el grupo tiene por objetivo apoderarse del dinero u otros objetos; este homicidio puede deberse a múltiples situaciones, por ejemplo, puede ser planeado conjuntamente con la acción del robo, resultar accidental, como un medio para no ser identificado; *b)* como una conducta de sadismo, tal es el caso del homicidio pasional en donde intervienen varias personas asalariadas y, *c)* homicidio por venganza entre grupos; es frecuente que este homicidio comience por problemas victimológicos.

La conducta de robo

El *hurto* es la sustracción de la propiedad ajena sin violencia ni intimidación. Existen diversos modos de cometer un

---

[20] Ver A. Quiroz Cuarón, *Psicoanálisis del magnicidio.* Ed. Jurídica Mexicana, México, 1965.

hurto, en la escala observamos desde los más simples hasta los más audaces y raros.

El *robo* difiere del hurto debido a que el sujeto actúa con fuerza en los objetos y medios o también con violencia física en las personas, sea que la violencia tenga lugar antes del robo para facilitarlo en el acto de cometerlo o después de cometido para procurar impunidad. Así como la conducta del hurto, el robo presenta múltiples formas de ejecución, por el lugar, modo, instrumentos utilizados, participación, etc. Los más frecuentes son los robos cometidos en tiendas, bancos, locales de negocios y los robos de automóviles.

En los hurtos y robos de automóviles hay que distinguir los "préstamos", es decir la sustracción cuyo fin es tenerlo por un tiempo determinado para ejecutar otro delito, por lo común un robo; el robo para realizar un viaje o dar un paseo, es un delito que cometen los adolescentes; el robo el cual el vehículo es vendido y finalmente el robo después del cual el vehículo es siempre desarmado y vendidas sus piezas.

En el robo encontramos desde el individuo que actúa solo hasta el grupo que representa una delincuencia técnicamente organizada.

El *carterista* es un ladrón especializado en tomar carteras o bolsos en multitudes, tiene una técnica y elige a sus víctimas.[21]

Según Di Tullio [22] la tendencia predatoria está sensibilizada por la particular actitud y sobre todo por la fisionomía de la víctima, lo que suscita en el carterista la impresión de que se trata de un sujeto particularmente idóneo para ser robado. La víctima en las conductas de hurto-robo varían según la estructura sociológica y está sometida a cambios que guardan relación con las oscilaciones de la vida económica.

---

[21] Ver Von Henting, *Estudios de Psicología Criminal,* tomo I, Ed. Espasa Calpe, Madrid, 1960.

[22] Ver B. Di Tullio, *Principios de criminología y psiquiatría forense.* Ed. Aguilar, Madrid, 1966.

La conducta de estafa

La conducta de estafa figura dentro de los delitos contra la propiedad. Este delito presenta una serie de características que lo separan de las restantes conductas punibles. Particularmente en esta conducta delictiva falta la percepción de la peligrosidad general que alarma en los delitos de violencia. Esto es debido a que el estafador actúa mediante mecanismo de seducción y engaño. El estafador por su comportamiento seguro, por la facilidad y naturalidad con que expone sus invenciones, sus engaños, llega fácilmente a persuadir, a convencer.

En la conducta de estafa, el misterio, la intriga, los secretos juegan un importante papel. En muchos casos el atrevimiento del plan, del proyecto que va acompañado de la seguridad absoluta del estafador, son suficientes para convencer a la víctima.

Entre las diversas y múltiples conductas de estafa podemos distinguir:

a) *Estafas "simples"* cometidas por víctimas elegidas al azar. Por ejemplo, hay una cartera en el suelo, al mismo tiempo que la víctima aparece el estafador, juntos examinan el contenido y "encuentran" un billete de mil pesos, deciden quedarse con el dinero, el estafador no tiene cambio y ofrece a la víctima que se quede con el billete y que le dé la mitad del dinero. El billete es falso. También dentro de estas estafas simples está el de la venta de objetos "valiosos" y vestimentas de santos, etc.

b) *Estafas "complejas"* ligadas a una estrecha relación con la víctima. Típica de esta conducta es la estafa matrimonial. El engaño puede cometerse por medio de anuncios en los periódicos, es decir en una forma anónima o por medio de la actuación directa y personal. En estas conductas existe una preparación minuciosa de la víctima a través de la habilidad que presenta el estafador para manipular y convencer a las personas. Ejemplo de estas estafas son las "ventas" de monumentos nacionales o cargamentos de oro, etc. Mientras más ganancia desea obtener la víctima más es propensa a caer en el engaño.

Con respecto a su participación en el delito, el estafador prefiere actual solo, o con uno o dos cómplices.

La conducta delictiva sexual

En la dinámica de las conductas sexuales se encuentran dos elementos de importancia: la particular sexualidad que constituye una grave alteración en el autor del delito y el comportamiento de la víctima. Existen muchas clasificaciones [23] sobre delitos sexuales, aquí nos referiremos a la violación, incesto, impudicia con niños, exhibicionismo y prostitución.

La violación es la relación sexual impuesta y consumada con violencia, en la cual la víctima es forzada a realizarla. Las modalidades de la conducta de violación varían según el agresor y las circunstancias. Existen violaciones particularmente sádicas, en estos casos el estudio de la conducta revela que la satisfacción ha sido producida por la experiencia de la agresión violenta y sádica sobre el cuerpo de la víctima que por la significación genital de la conducta. Algunos individuos se complacen en golpear a la mujer.[24] Se produce el homicidio como expresión de una sexualidad anómala o el homicidio perpetrado durante la violación y que está dirigido a vencer la resistencia de la víctima o callarla, ejemplo, homicidios en niños.

En los delitos de violación existen múltiples y diferentes circunstancias, la denuncia puede estar motivada por el rechazo o abandono del seductor; también se observan denun-

---

[23] Ver Karpman, *El crimen sexual y sus motivaciones.* Ed. Hormé, Buenos Aires, 1974.

[24] Ver A. Garma, *Sadismo y masoquismo en la conducta humana,* Ed. Nova, 1960.

cias de violación en mujeres histéricas; asimismo denuncias como "venganza" a un individuo.

La conducta de violación siempre supone una gran agresión y se considera que es mayor la patología del individuo a nivel sexual en base a las características de la víctima, por ejemplo, niños, ancianas, personas impedidas físicamente, víctimas con retardo mental.

En la violación realizada en grupo, generalmente con comportamientos sádicos y altamente violentos, se encuentran aspectos muy marcados de homosexualidad entre los integrantes del grupo, y la conducta de violación significa el rechazo y la destrucción de la figura femenina.

La conducta de *incesto* es la relación sexual entre parientes consanguíneos. En particular el incesto padre-hija es la más frecuente de las relaciones incestuosas, en la que la hija mayor sustituye a la madre. Es una relación sumamente simbiótica de la estructura familiar.

El delito de incesto está a veces relacionado con el infanticidio, cuando la hija tiene el bebé, la pareja lo mata para ocultar la relación. El incesto madre-hijo es más raro, ya que esta clase de tabú es considerado colectivamente con mucha mayor severidad que el incesto padre-hija; y sobre todo que el incesto hermano-hermana, aunque éste sea también disimulado. Se observa que las denuncias en cuanto a las relaciones incestuosas provienen generalmente de vecinos o familiares muy lejanos y en muy pocos casos del mismo grupo familiar.

La *impudicia con niños,* es un delito que cometen casi exclusivamente los individuos de sexo masculino, especialmente los ancianos (en los diversos grados de demencia senil). También se observa que les es difícil conseguir una pareja adulta y por ello buscan a un niño o un adolescente.[25]

El ataque indecente a niños es consecuencia de tendencias agresivas y antisociales pero también es la búsqueda de alguien ante quien el individuo pueda mostrarse impotente sin sentirse inferiorizado. Los delincuentes sexuales jóvenes que agreden

---

[25] Véase H. Burger-Prinz y Lawrens, *Criminalidad en edad avanzada, sexualidad y crimen.* Ed. Zeus, 1969.

sexualmente a niños son frecuentemente personalidad pasivas, inseguros, inmaduros para mantener una relación con adultos. A veces se asustan por los gritos de la víctima y la matan.

El *exhibicionista* es el individuo que obtiene satisfacción exponiendo los genitales. Esto va acompañado generalmente de gestos sugestivos y comúnmente de masturbación. Es una conducta relacionada a la neurosis de obsesiva [26] compulsiva y el lugar donde se realiza es un lugar público, ejemplo, frente a las escuelas, parques, iglesias, etc.

Allen [27] dice que el exhibicionismo tiene por objeto obtener placer y por ello debe ser pública y observable. La característica de esta conducta es la estereotipada naturaleza del acto que ocurre siempre en el mismo lugar a la misma hora y a veces delante de la misma persona.

Muy a menudo el individuo lucha por ese deseo de exponerse, la tensión que sobreviene se eleva y ésta se alivia solamente al ceder a este deseo. Cuando se le presenta la oportunidad de exhibirse, la posibilidad de ser detenido aumenta la tensión y hace más difícil la resistencia. El exhibicionista está profundamente unido a una obsesión.

Generalmente el exhibicionista no es acusado por otro delito, no es tan agresivo como otros delincuentes sexuales y no es tan peligroso.

Prostitución. Es la forma más común de la delincuencia femenina. Es una conducta con un gran significado autodestructivo.

La prostitución condiciona y favorece al individuo que explota a la joven prostituta, es el "rufián" que protege a la prostituta o facilita los clientes. Asimismo la prostitución está muy relacionada a la trata de blancas, esto es la seducción, secuestro o amenaza de jóvenes para llevarlas a la explotación y a la prostitución. Esta actividad la realizan grupos delictivos organizados para tal fin.

---

26 Véase F. Alexander, *Neurosis, sexualidad y psicoanálisis.* Ed. Paidós, Buenos Aires, 1958.

27 Ver Karpman, *Psicopatología sexual.* Ed. Horme, Buenos Aires, 1974.

Otras conductas delictivas de tipo sexual son necrofilia, zoofilia, sado-masoquismo, sodomia y pederastia, obscenidad, pornografía.

La conducta de drogadicción

Existen muchos tipos de drogas, la clasificación clásica se refiere a la siguiente división:

1. *Estupefacientes*

   a) Derivados del opio (naturales o sintéticos) llamados también narcóticos.
   b) Derivados de la coca.

2. *Psicotrópicos o neurotrópicos*

   a) Psicolépticos (también llamados neurolépticos y/o sedantes).
   b) Psicoanalépticos (llamados también estimulantes).
   c) Psicodislépticos (también llamados psicodélicos y/o alucinógenos).

3. *Volátiles inhalables*

   a) Cemento plástico.
   b) Solventes comerciales.
   c) Gasolina y otros combustibles.

Cada droga implica una sintomatología especial con determinadas características. Pero podemos decir que el drogadicto presenta una personalidad dependiente y con marcados rasgos autodestructivos.

El *traficante de drogas* presenta características diferentes, es una personalidad psicopática que busca el dinero y el poder a través de la droga.

Es raro que el traficante actúe solo, siempre pertenece a una organización hasta integrarse totalmente a un comportamiento antisocial, en las diferentes escalas de la organización delincuencial. Desde la venta de drogas a jóvenes, en bailes y fiestas, escuelas, universidades, hasta el traslado de la droga por distintos países, hasta la producción de nuevas drogas.

La conducta de daño

La conducta de daño consiste en destruir, inutilizar o de cualquier modo dañar un objeto ajeno.

En esta conducta también son múltiples las circunstancias relacionadas con el lugar, modo e instrumentos utilizados para dañar.

La conducta de daño puede ser dirigida a:

a) Bienes de uso públicos, por ejemplo, estatuas, bibliotecas, plazas, edificios.
b) Propiedades particulares: casas, muebles, autos, etc.

El daño puede cometerlo un individuo o un grupo. La conducta de daño realizada por un individuo está dirigida a objetos que pertenecen a personas con las cuales dicho individuo tiene cierta relación, por ejemplo, romper la puerta del vecino que no lo saluda o los vidrios de un negocio o en una discusión familiar destruir objetos muebles. Generalmente está vinculada a una grave adicción alcohólica.

Otra conducta delictiva que puede considerarse como expresión de una particular forma de agresividad destructiva es la del incendio. El individuo encuentra una especial satisfacción, al asistir a un incendio provocado por él. En la *piromanía,* la vida humana no está directamente amenazada y más que al atentado contra el bien público o privado implica el fin emocional que causa el incendio (que puede desencadenar en una catástrofe). El incendio voluntario tiene un aspecto de megalomanía pues comporta el simbolismo del fuego. Existen también los incendios por venganza cuya patología mental explica la enorme desproporción entre el agravio y el grave daño producido a través del incendio.[28]

---

[28] Ver Hesnard, *ob. cit.*

Si el daño lo realiza un grupo de individuos, esa conducta de destruir es un modo de exhibir, de mostrar la fuerza del grupo. Generalmente este daño está dirigido a figuras de autoridad, esto es a edificios u objetos que pertenecen o simbolizan la autoridad.

Capítulo III

EL ESTUDIO DE LA ESTRUCTURA FAMILIAR DESDE UNA PERSPECTIVA CRIMINOLOGICA

El objetivo de este capítulo es analizar la estructura familiar desde una perspectiva criminológica y la importancia del estudio y diagnóstico familiar.

La familia es un grupo que funciona como un sistema de equilibrio, inestable o dinámico, estructurado en torno a las diferencias de sexos, edades, alrededor de algunos roles fijos y sometido a un interjuego interno y externo. Esta estructura familiar que presenta características propias, conteniendo una historia familiar única con un proceso histórico particular y que vive en un marco socio-económico y cultural también determinado contribuye fundamentalmente a la naturaleza de la conducta delictiva realizada por un miembro del grupo familiar.

Es evidente que en la complejidad de los procesos familiares están insertos gran parte de los motivadores de la conducta criminal. Y es por ello que al referirnos a este tema estamos planteando el estudio clínico del delincuente y de la familia.

El estudio clínico-criminológico reviste una enorme importancia como lo señaló el criminólogo doctor Alfonso Quiroz Cuarón.[1] La clínica es sinónimo de observación. No se concibe, decía el maestro Quiroz Cuarón, un técnico ni nadie que esté en un centro de rehabilitación sea de menores, sea de

---

[1] Véase Alfonso Quiroz Cuarón, "La clínica criminológica en el tratamiento de los menores de conducta desviada". *Revista de Criminología Nº 10,* Estado de México.

adultos sin una capacidad de observación. De esta observación se parte para llegar al diagnóstico y al tratamiento del delincuente y de la familia.

Es decir que en la aplicación de la clínica-criminológica se llega a comprender los procesos individuales y familiares involucrados en la conducta delictiva.

La educación y las normas educativas son fuerzas del ambiente cuyo origen está, a la vez en la personalidad de los padres y en el medio social y cultural.

A lo largo de la vida del niño, tienen influencia decisiva, como elementos del medio los constitutivos del hogar [2] muy particularmente el clima afectivo en que está inmerso,[3] la personalidad, de la madre y el carácter de las relaciones con ésta, con el hijo, como primer factor, así como las relaciones entre los padres e hijos y entre los hermanos, las preocupaciones y las relaciones emocionales dominantes.[4] El niño crece, en realidad dentro de una constelación familiar en la que todos los miembros participan como influencias en la formación de su personalidad.[5]

Cuando el niño ingresa a la escuela, cuando traba relación con otros niños, nuevas personas, intereses y lugares comparten su atención y sus afectos y ejercen influencia sobre él.[6]

El ambiente material, la situación económica social llega a tener enorme importancia por su repercusión, de ella muchas veces depende el clima psicológico. La insatisfacción de anhelos y necesidades elementales, ocasionan fatalmente variaciones de humor, angustia y rozamientos de grave influencia sobre la vida emocional del niño.

El medio tiene una acción positiva sobre la personalidad del niño cuando provee de modo adecuado a sus necesidades de desarrollo, afectivas, intelectuales, de actividad, etc. Según el momento de la evolución y los rasgos de personalidad del niño,

---

[2] Ver ACKERMAN, *Diagnóstico y tratamiento de las relaciones familiares.* Ed. Hormé.

[3] Ver G. PEARSON, *Trastornos emocionales de los niños.* Ed. Bs. As.

[4] Ver JERSILD, *Psicología del niño.* Ed. Eudeba, Bs. As., 1961.

[5] Ver GESELL ILG y AMES, *El niño de 5 a 10 años.* Ed. Paidós, 1960.

[6] Ver STONE y CHURCH, *Niñez y adolescencia.* Ed. Hormé, 1966.

el mismo medio puede ser adecuado para unos e inadecuados para otros.[7]

El grupo cultural en que se ha criado el individuo, las actitudes, tradiciones que han influido en el individuo son factores que inciden en la determinación de la conducta delictiva.

Las observaciones de los psicólogos y antropólogos en las distintas culturas[8] nos proporcionan innumerables ejemplos de la influencia que sobre la conducta tienen los sistemas de referencia cultural.[9] Lo que a menudo se considera como una respuesta natural a un estímulo particular puede ser natural solamente por las normas y modelos sociales que hemos adquirido en nuestra situación cultural. Incluso las respuestas perceptuales más simples pueden hallarse influidas por los sistemas de referencia culturales.[10]

Psicológicamente el individuo pertenece a todos aquellos grupos con los que comparte el mismo tipo de conducta. Así el individuo crece como miembro de cierto grupo nacional, con sus tradiciones propias y su fondo cultural. El individuo vive en el seno de una amplia división cultural como la civilización occidental, con sus características, fuentes de estimulaciones, etc., por lo tanto desarrollará ciertas aptitudes, rasgos emocionales, actitudes y creencias como resultado de su pertenencia a ese grupo.[11]

Existen cierto número de agrupaciones según la conducta que, aunque menos frecuentemente reconocidas y menos claramente definidas, pueden influir igualmente en el desarrollo del individuo. Así recordemos que es corriente hallar importantes diferencias psicológicas entre el niño criado en la ciudad y el criado en el campo, así como los pertenecientes a distintas clases sociales. Del mismo modo, la región, estado o cualquier otra división nacional importante en que el individuo crezca y hasta la ciudad y vecindad específica en que viva, ejercerán

---

[7] Ver Erikson, *Infancia y sociedad*. Ed. Hormé, Bs. As., 1966.

[8] Ver Malinowski, *Crimen y costumbre en la sociedad salvaje*. Ed. Ariel.

[9] Ver Wallace, *Cultura y personalidad*. Ed. Paidós, Bs. As., 1963.

[10] Ver Anastasi, *Psicología diferencial*. Ed. Aguilar, 1964.

[11] Ver Filloux, *La personalidad*. Ed. Eudeba.

influencias significativas sobre su desarrollo intelectual y emocional.[12]

Otros grupos con los que el individuo se identifica, desde el punto de vista de la conducta, incluyen su clase, ocupación, religión, actividades. Tales agrupaciones representan netas distinciones culturales. Estos grupos pueden influir de dos maneras sobre la conducta del individuo. Primero estimulan y fomentan directamente ciertos modos de acción, segundo las reacciones de las demás personas para con el individuo están influidas por el conocimiento del grupo al cual pertenece. Las actitudes sociales y la expectabilidad social que el individuo encuentre afectarán a su vez a su conducta.

Las agrupaciones familiares, con sus actividades y tradiciones características constituyen otra parte importante del ambiente psicológico del individuo.

Al individuo se lo puede considerar, en parte como resultante de su pertenencia a muchos grupos. A la vista de los pronunciados efectos de cualquier conducta compartida o común sobre el desarrollo del individuo, puede aparecer sorprendente que los individuos no sean más semejantes en sus conductas, pero el grado de las diferencias individuales dentro de cualquier grupo es extremadamente grande.[13] De hecho, las variaciones entre los individuos han demostrado siempre ser más marcadas que las diferencias de un grupo a otro. La individualidad de cada persona en función del fondo de experiencia que comparte se explicaría, por la multiplicidad de grupos que se superponen y con los que el individuo puede identificarse desde el punto de vista de la conducta. El número de tales grupos es tan grande que la combinación específica es única para cada individuo.

Es necesario, entonces considerar la influencia del hogar, las relaciones con los padres, el clima afectivo, el ambiente material, la situación económica-social de cada delincuente. El grupo cultural en que se ha criado el individuo, las actitudes, tradiciones y costumbres que han influido sobre él son

---

12 Ver Erikson, *ob. cit.*

13 Ver M. Mead, *Psicología de la personalidad.* Ed. Paidós, Buenos Aires, 1966.

factores que inciden en la determinación de la conducta delictiva.

Familia y delincuencia. Entre las características de la familia del delincuente podemos señalar la clasificación clásica de familias desintegradas e integradas.

Familia desintegrada. En la familia desintegrada es donde se observa más claramente la etiología del delito. Son familias desintegradas por múltiples causas: muerte de uno de los padres, separaciones, abandono del hogar, encarcelamiento del padre, hogar nunca establecido, etc. El niño crece en un ambiente contradictorio que lo conduce a la marginación, a la desconfianza y a la violencia.

Familia integrada. Están todos los miembros importantes del núcleo familiar pero el niño crece en un ambiente con carencias afectivas, la familia se siente indiferente ante el niño o por el contrario lo sobreprotege de tal manera que se produce una simbiosis en la que el niño es manipulado para ser el portador de agresiones y tensiones del intragrupo familiar.

Teniendo en consideración el *delito* podemos referirnos a diferentes tipos de familias.

La familia del delincuente por robo

- El individuo que ha cometido un hurto o robo es una persona con una marcada inestabilidad en todas sus conductas, que proyecta una personalidad con una grave conflictiva interna que se traduce especialmente en la relación interpersonal agresiva y autodestructiva.
- A la edad de 10 años ya manifiesta sus conductas antisociales, problemas escolares, fugas, agresiones, etc., presentando una historia familiar inestable.
- Comprobamos que su historia infantil y familiar es regularmente traumática, se descubren repetidos rechazos, castigos frecuentes y privaciones reales.
- Importantes periodos de la infancia han transcurrido en instituciones de menores o a cargo de distintos padres

adoptivos lo cual ha sido un obstáculo para lograr identificaciones positivas y perdurables.

— Es decir, generalmente la familia está desorganizada y ha sido la causa principal de que el niño haya abandonado el hogar.

— La familia se caracteriza por inestabilidad, frialdad, falta de cuidados y protección al niño.

— La familia no se interesa en el niño, es una familia con cambios permanentes de estilo de vida, también con movimientos migratorios lo que representa inestabilidad e inseguridad.

— La familia no colabora en el tratamiento penitenciario ni ayuda al interno.

La familia del delincuente sexual

— El delito debido a una problemática sexual de tipo agresivo y violento lo realiza el individuo que presenta una honda conflictiva en la personalidad. En casi todos los casos se advierte de qué manera en la historia del sujeto existía la conflictiva sexual mucho tiempo antes de que la desencadenara. Existe por lo tanto una problemática básica anterior al delito, en relación al comportamiento sexual.

— La personalidad del delincuente sexual se caracteriza por una acentuada inmadurez emocional, teniendo un desequilibrio afectivo que se proyecta en las conductas repetitivas; ejemplo, en el exhibicionismo.

— La inseguridad básica que presenta hace que su comportamiento sea tímido, retraído, inhibido, este comportamiento resulta paradojal con el ataque sexual.

— La historia de la familia del delincuente sexual muestra un hogar desintegrado, falta de supervisión, carencia de afecto y cuidados, rodeado durante la infancia de condiciones poco favorables. A consecuencia de las condiciones soportadas durante la infancia, el individuo se sentía confundido y en una conflictiva en el área de la sexualidad.

— En el delincuente sexual se observa la consecuencia de la negación de dos necesidades fundamentales: seguridad y afecto.

— El delincuente sexual exterioriza hostilidad y resentimiento frente a la autoridad porque ha sufrido carencias emocionales, ha sido afectado por la conducta de uno o de ambos padres, de características sádicas y dominantes.

— Ante el delito sexual la actitud de la familia es de rechazo, de distanciamiento. Existen por lo tanto problemas a nivel de control post-institucional por la carencia de un núcleo familiar adecuado, es decir una familia consciente de la problemática, por ello la reincidencia de estos casos suele ser frecuente.

La familia del delincuente por homicidio

— El homicidio está relacionado a procesos individuales de desinhibición y fallas en los mecanismos de defensa, lo que provoca la conducta violenta en extremo irracional, sin control, con una disgregación psíquica. Podríamos decir que el delito de homicidio es una crisis confusional.

— El individuo tiene hasta ese momento hábitos y normas sociales adaptadas a su medio ambiente. Sus costumbres son socialmente adaptadas, especialmente en relación a la familia, carecen de antecedentes penales, aunque la observación más minuciosa de sus historias revela que este individuo tuvo numerosas dificultades en su vida de relación, una historia de frustraciones a sus necesidades, acumulación de tensiones como consecuencia de una agresividad reprimida.

— En la historia clínica se observan deprivaciones internas y externa, alto alcoholismo, deterioro, pero el individuo permanece integrado a la familia.

— La familia se muestra pasiva y observadora ante la desorganización psíquica del individuo. La conducta homicida es generalmente impulsiva y no planificada.

— La familia lo asiste dentro de la institución penitenciaria así como lo ayuda en la reintegración social.

Familia del delincuente estafador

— El estafador explota la credulidad humana a través de sus mecanismos de seducción y engaño. Necesita satisfacer fantasías de grandeza actuando y tratando de demostrar su concordancia con el ideal del yo.
— El estafador asume identidades de otros para poder concretar su fantasía. Realiza esa conducta debido a que su propio yo es desvalorizado y por eso elige y usurpa el nombre de otro (real o imaginario) quien cumple los requisitos de su propio ideal.
— El estafador no puede soportar la tensión ni la frustración y es por ello que demuestra un tipo particular de actitud hacia sus objetos, se dirige a las personas utilizándolas para sus fines de engaño.
— Según Bergler el estafador crea situaciones en que todos lo quieren y confían en él; engaña precisamente a quienes agradó y busca inconscientemente el castigo.
— Bergler destaca la importancia de la capacidad que el estafador cuando era niño tuvo para asimilar la decepción de su megalomanía por una real o fantaseada carencia de amor. Cuando ha logrado la prueba de que todos los demás lo aman, eso mismo pierde interés y la búsqueda narcisística recomienza.
— Hemos observado que el estafador proviene de una familia de *status* socio-económico y cultural medio, el núcleo familiar primario presenta irregularidades dándose situaciones de pérdida o separación de uno de los padres, ha tenido una infancia desfavorable, por lo general con una educación rígida y estricta, es decir padres que lo frustraban con prohibiciones severas, o padres sobreprotectores.
— La conflictiva neurótica que presenta el estafador proviene de la problemática interna del núcleo familiar.

Familia con comportamiento habitual de engaño y mentira y donde gradualmente las mentiras del niño, futuro estafador, son protegidas.

— La familia justifica su comportamiento y le permiten de ese modo continuar con las conductas de engaño y estafa.

La familia del drogadicto

— Es un individuo que tiene una acentuada inestabilidad familiar, laboral, educacional. La conducta del drogadicto es rebeldía frente a normas y patrones sociales.

— Manifiesta una definida oposición a la familia.

— El comportamiento inestable inseguro y en una búsqueda de dependencia que se traduce por la drogadicción debe explicarse por la estructura familiar ya que proviene de una familia autoritaria con un padre rígido exigente donde por ejemplo, se observa que el padre quiere que el hijo se conduzca exactamente como él desea; la figura de la madre es inestable, lábil, con una conducta ambivalente que trasmite inseguridad.

— El drogadicto es una persona inmadura, infantil, con sentimientos de omnipotencia, evasivo y dependiente.

— La conducta del drogadicto puede considerarse una conducta autodestructiva. Este comportamiento autodestructivo está relacionado a su familia, ya que él es el depositario de las tensiones y agresiones del intra-grupo familiar. A través de la drogadicción niega el mundo real, a su familia y se refugia en un mundo mágico.

— En los casos en que el individuo sea traficante, proviene de una familia desorganizada, con características agresivas y gran insensibilidad moral.

El delito dentro del grupo familiar

— La tarea de diagnóstico como del tratamiento son delicadas en el caso de que el delito se haya cometido dentro del núcleo familiar porque autor y víctima pertenecen por lo tanto al mismo grupo familiar, generando mayores angustias y tensiones en todos los integrantes.

— Entre las conductas más frecuentes que se realizan dentro del grupo familiar podemos mencionar: incesto, esta conducta por ser muy singular y característica nos referiremos con mayor detenimiento; también el homicidio, robo y daño, pero es indudable que el incesto es la conducta por sus peculiares características la que adquiere aspectos criminológicos diferentes, y que conllevan nuevos delitos. Asimismo el delito de homicidio dentro del grupo familiar implica conductas autodestructivas generando alteraciones graves dentro de la historia y relaciones familiares.

— En estos casos se hace indispensable el estudio del delincuente y de la víctima como emergentes de un grupo familiar con características determinadas. Y el estudio de este grupo familiar como un medio para la comprensión de los procesos que llevaron al delito.

— Sabemos que un adecuado diagnóstico individual realizado por todos los departamentos técnicos es la base para la individualización del tratamiento al hombre que presenta una conflictiva antisocial, pero también conocemos que el individuo no vive solo sino en una interacción permanente que determina su vivencia existencial, por ello el diagnóstico familiar, la percepción de la estructura familiar es fundamental para conocer la historia del individuo que ha cometido el delito, conocer las características de las personas que lo rodean en su ambiente familiar y social y considerar el tratamiento familiar.

— Bowlby [14] señala acertadamente que el origen de las perturbaciones psíquicas y sociales está en la *privación familiar,* es decir, en las carencias de lazos y relaciones afectivas. La tarea clínica-criminológica es establecer, en el tratamiento los medios adecuados para una más sana relación y comunicación entre los miembros del grupo

---

[14] Ver Bowlby, *El cuidado maternal.* Ed. Fondo de Cultura Económica, México, 1974. Asimismo "Privación materna y delincuencia", *Rev. Criminología,* Estado de México, 1978.

familiar, en la que tiene que estar integrado el delincuente en su realidad histórica y existencial.

EL INCESTO

Una de las problemáticas más graves y difíciles en la Criminología es la relacionada a los delitos que se realizan dentro del núcleo familiar. Estas conductas delictivas transforman las relaciones de todos los integrantes de la estructura familiar en forma permanente y crea en la mayoría de los casos nuevos comportamientos antisociales, además de provocar profundas alteraciones psíquicas y sociales. Una de esas conductas es el incesto.[15]

En el análisis desde una perspectiva clínica criminológica de la conducta de incesto, cabe plantear:

— ¿Qué características presenta el núcleo familiar?
— ¿Cuáles son los aspectos psicológicos del triángulo padre-madre-hija?
— Personalidad del autor del incesto.
— Personalidad de la víctima.

---

15 En el año 1928 Freud plantea en un artículo que no cabe atribuir al azar que tres obras maestras de la literatura universal traten el mismo tema: el incesto y el parricidio. Tal es en efecto el tema "Edipo de Sófocles, Hamlet de Shakespeare y los Hermanos Karamazov de Dostoievski".

También señala en "Tótem y Tabú" que el parricidio es el crimen primordial de la humanidad y del individuo. Freud se refiere al origen de la sociedad, donde la primera forma de la sociedad fue la horda primitiva en la que los hijos se revelan al padre y lo matan. Después de los impulsos hostiles comenzaron en los asesinos los impulsos afectivos, de aquí surge el remordimiento y los sentimientos de culpabilidad y el padre muerto adquirió un mayor poder que el que tenía en vida, surge entonces el animal totémico donde los hijos negaban su crimen. Pero los hijos para vivir juntos debían constituir una serie de prohibiciones de ahí nace el tabú del incesto que trató de evitar las rivalidades fraternas pero también apaciguar el sentimiento de culpabilidad.

Freud marca un paralelismo entre esta situación de la humanidad y el desarrollo del individuo en donde a través de las etapas psicosexuales, el niño llega a amar a la madre y a odiar al padre, por lo que el niño siente sentimientos de culpabilidad. Freud llamó a este proceso Complejo de Edipo. Y es evidente que esta situación edípica es la que se presenta en forma concreta en la conducta de incesto.

La conducta de incesto es la relación entre parientes consanguíneos. Es la violación del "Tabú" prohibiendo las relaciones entre dos miembros del núcleo o clan familiar, esto es padres e hijos, entre hermanos y hermanos y otros parientes cercanos.[46]

Es evidente que el ambiente familiar y los procesos de interacción tienen gran influencia en la conducta delictiva. La familia contribuye a nuestro criterio fundamentalmente a la naturaleza de la conducta delictiva realizada por un miembro del grupo familiar. Es el caso de la conducta de incesto, dentro del grupo familiar.

En el análisis de los delitos de incesto se observan características mágicas y primitivas, desde un enfoque psicológico, que invaden toda la estructura familiar, la patología de tipo familiar emerge a través de las relaciones padre-hija. Esta relación padre-hija es la más frecuentemente observada en las conductas de incesto y en mucho menor índice hermano-hermana; tío-sobrina.

Muchos criminólogos, entre ellos Von Henting[17] manifiestan que el incesto es un delito de aislamiento, es decir la familia vive aislada en apartadas regiones y los autores de incestos tienen poco contacto con el mundo exterior, en la familia misma frecuentemente la madre ha desaparecido como compañera y la hija ha pasado a ocupar su lugar.

Hemos observado que en determinadas zonas rurales existe un número significativo de delitos de incestos, pero también este tipo de delitos se da en zonas urbanas. Esto hace plantear desde una perspectiva psicológica, que es la característica de la estructura familiar, esto es la relación tan especial del triángulo padre-madre-hija que provoca el delito.

En el análisis de los delitos de incesto se observa que la conducta se produce cuando la esposa ya no representa más

---

[16] Las prohibiciones contra el incesto tienen un carácter esencialmente cultural. Mordock manifiesta que los tabúes del incesto intrafamiliar, tienen carácter universal. En ninguna de las sociedades se considera permisible la relación sexual o el matrimonio entre padre e hija, madre e hijo, hermano, hermana. Ver. Jones, *La Pesadilla. Ed. Paidós* y *Hamlet y Edipo.* Ed. Madrágora.

[17] Von Henting, *ob. cit.*

una relación de pareja y esto puede acontecer por diversos motivos: la esposa no es pareja sexual, por motivos de enfermedad o de edad; la esposa siente un rechazo; la esposa abandona el hogar o por causa de fallecimiento. El individuo entonces se siente solo y sin posibilidad de establecer una pareja por su grave incomunicación y sus problemas afectivos, es por ello que al no poder enfrentar una relación fuera del núcleo familiar "elige" quedarse en el intragrupo familiar. En todos los casos es evidente que la hija sustituye a la esposa.

El incesto no es una situación que se da en medios apartados y lejos de los poblados, nosotros pensamos que no es sólo que la familia viva lejos sino aún con vecinos muy cercanos se advierte un apartarse y un deseo de incomunicarse con el resto de las personas. Esto implica una total simbiosis del núcleo familiar que no siente la necesidad de relacionarse con el medio ambiente ni con ninguna persona extraña al núcleo familiar.

Se advierte claramente que se desea una marginación para proteger esa relación incestuosa. También se observa en relación a las denuncias (y esto es muy importante desde un punto de vista jurídico psicológico y sociológico) que éstas provienen de personas ajenas al núcleo familiar primario, por ejemplo, vecinos o de familiares lejanos y muchas veces esto acontece porque la joven queda embarazada.

La primera relación incestuosa es sumamente impulsiva, irracional, generalmente es en estado alcohólico y como venganza de la esposa. Siempre se toma a la hija como sustituto de la esposa. Posteriormente se hace habitual esta situación pero no se rechaza sino que se estabiliza con el consentimiento de la hija. También los otros hijos aún los adolescentes aceptan la relación, o por lo menos no se rebelan a ella o la denuncian.[18]

MAC FARLANE [19] señala que la conducta incestuosa, en la que un gran número de niños son el punto central del com-

---

[18] Los casos de rechazo a la figura paterna se manifiestan cuando ya el padre está en la cárcel, y por otros motivos, nos atreveríamos a decir que ajenos a la conducta de incesto.

[19] MAC FARLANE, *Abuso sexual de niños*. Ed. Sage, USA, 1978.

portamiento sexual de sus parientes, así como de familiares cercanos, raramente se da como un incidente aislado.

En las escasas investigaciones realizadas sobre el incesto los criminólogos describen que el comportamiento incestuoso se establece durante un periodo entre un año a tres años promedio. A veces, la duración es mayor, de cinco años o más.

La violencia raramente acompaña a los actos incestuosos, puede verse como una venganza o un desafío competitivo a la madre por su hija. El comienzo de las relaciones incestuosas frecuentemente son el producto de una frustración sexual a causa de una enfermedad, muerte, ausencia o disgusto de la esposa.[20]

La hija es una adolescente, muchas veces una niña que toma el lugar de la madre en las tareas de la casa.

Los miembros de la familia son personalidades que presentan una grave deprivación socio-cultural y económica, que han sufrido serios conflictos en sus historias personales, carencias de oportunidades escolares y laborales y con una escasa interacción social fuera de su grupo familiar.[21]

Pero debe señalarse que estas características de familias con una grave deprivación son las que llegan a la cárcel, es decir los delitos de incestos que son denunciados. Denunciar un delito de incesto es difícil, por la índole del delito. Muchas veces no se denuncia el incesto para proteger a la joven, o para no destruir a la familia, porque el padre va a la cárcel y las penas privativas de libertad en este delito son altas en todos los países. Existe una cifra negra muy elevada en relación a la deshonestidad con menores dentro del grupo familiar, esto es abuso sexual de menores y el incesto, que no son denunciados.

La coincidencia entre los criminólogos es que el índice del delito de incesto es mucho más alto de lo que las cifras señalan, esto porque se considera que los niños abandonados o niñas abandonadas que han estado bajo maltrato en sus hogares han tenido también experiencias de abuso sexual.

---

[20] Dussich, Lee, Morgan, Taylor, Universidad de Mississippi, USA, 1978.

[21] Ver Marchiori, *Psicología Criminal*. Ed. Porrúa, México.

Aspectos psicológicos del triángulo padre-madre-hija

No es fácil describir los aspectos relacionados a lo que sucede dentro del núcleo familiar para que se produzca la situación incestuosa. Podríamos decir que la madre que en la mayoría de los casos ha muerto o ha abandonado al esposo, pasando la hija a ocupar su lugar, juega permanentemente un papel importantísimo dentro dc toda esa historia familiar.

El triángulo padre-madre-hija es a nivel de imágenes algo real que lleva a la conducta incestuosa. Es un triungulo simbiótico y con un alto grado de narcisismo. Es como una prolongación de la pareja, las emociones de amor-odio están puestas en la hija mayor, porque siempre es la hija mayor la que sustituye a la madre.

Aquí nos estamos refiriendo al incesto padre-hija porque es el más común y frecuente y en mucho menor escala el de hermanos, madre-hijo, pero en cualquier incesto los mecanismos psicológicos son similares, esto es una desinhibición y tendencias edípicas no resueltas o canalizadas, y especialmente un marcado narcisismo primario.

Lo notable en estos casos es que la madre no ignora la relación padre-hija, de alguna manera podríamos decir que la "acepta" o la permite y nunca la denuncia, ni cuando se trata de niñas, esto es menores de 12 ó 10 años, revelando en estos casos con mayor claridad su profunda patología.

Se puede observar en la conducta de incesto:

- La madre se identifica con la hija.
- La madre no desea que el marido se vaya del núcleo familiar.
- La madre y el padre constituyen una pareja simbiótica que acentúa el narcisismo a través de la hija.
- Con su comportamiento de aceptación y su conducta permisiva, la madre facilita la conducta de incesto.
- La actitud de la madre y el padre es que la conducta de incesto no es una conducta prohibida.
- La conducta de incesto es aceptada por todo el grupo familiar.

Podríamos decir que no se produce un rompimiento en las relaciones de comunicación entre los miembros del grupo familiar por la conducta de incesto. Tampoco existe un rompimiento en la pareja,[22] esto es el padre y la madre debido a que la conducta con la hija está circunscripta al área sexual. Pero ese rompimiento y separación sexual traerá consecuencias gravísimas para la hija y su posterior comportamiento sexual.

El padre considera a la hija sólo como pareja sexual en el incesto y mantiene su rol de figura paterna en las demás relaciones, es decir, sigue siendo el padre. Con la esposa no se produce al parecer conflicto grave en las relaciones de la pareja.

La relación edípica se produce en el incesto ya no en un plano inconsciente sino en forma real.

Personalidad del autor del incesto

Es una personalidad que está consciente de la situación incestuosa, no la niega, procede por lo general de un medio rural. Es un individuo con una escolaridad baja, de un medio ambiente con carencias materiales y una acentuada deprivación. Su nivel intelectual es muy bajo, su actividad no es técnica, realiza tareas rurales o por jornal, sin embargo, sus relaciones son estables. No tiene antecedentes policiales o penales.

La inseguridad básica que presenta hace que su comportamiento sea retraído, inhíbido, este comportamiento resulta paradojal con los impulsos ante la relación incestuosa, pero debe comprenderse que las fallas en la comunicación interpersonal como consecuencia de su historia personal, la desconfianza, falta de afecto y posibilidades de un desarrollo normal lo han llevado a disociar ambas situaciones, de ahí que él pueda manifestar una conducta sexual de carácter antisocial.

El pensamiento de este individuo tiende a ser ilógico porque es el de una personalidad inmadura y conflictiva.

---

[22] La asistencia que brinda la esposa durante el proceso y sus visitas frecuentes a la institución penitenciaria es una prueba de su estrecho vínculo con el marido.

La comunicación es infantil con dificultades para una intercomunicación en el plano verbal tanto en el contexto familiar como fuera de él. Se relaciona escasamente con el medio exterior.

El lenguaje es precario o por el contrario de un gran detallismo como en el caso de los adultos mayores y los ancianos.

Afectividad: con un grave trastorno base de su conflictiva sexual. Es una persona que presenta sentimientos de inferioridad, existe una búsqueda de dependencia distorsionada.

Conciencia: presenta una alteración de la conciencia y niega sus conflictos y comportamientos asociales y agresivos. Por lo general para disminuir sus sentimientos de culpa atribuye su ataque sexual al comportamiento de la víctima.

La adaptación a la realidad, como consecuencia de su problemática es precaria, inestable y evidenciando profundas dificultades para mantener relaciones estables.

El deterioro de los valores morales y sociales es progresivo y se acentúa a mayor edad, lo que señala a nuestra consideración los aspectos de peligrosidad.

Según Bento, existen algunas características comunes entre los padres que sexualmente abusan de sus hijas. Como regla general estos padres son inmaduros sexualmente. La mayoría de los padres que abusan sexualmente fueron ellos también víctimas sexuales cuando eran niños.[23]

Nosotros pensamos que existe otro aspecto importante que es la edad del autor del incesto, personas que han pasado los 40, 50 o más de 55 años. Es evidente que el deterioro de la personalidad se proyecta en las ideas y valores distorsionados de desinhibición ante las conductas de carácter sexual, específicamente en niños y los trastornos patológicos en la esfera afectiva, los sentimientos de soledad y la búsqueda de una dependencia.

Los aspectos de desinhibición son fundamentales para que se realice la conducta de incesto, pero esta desinhibición está psicológicamente muy relacionada a una personalidad senil o pre-senil.

---

[23] Ver DUSSICH, LEE, MORGAN, TAYLOR, *ob. cit.*

La deshonestidad con menores, la impudicia con niños, el exhibicionismo, las tentativas de violación suelen estar muy vinculadas a los procesos de la demencia senil y a personalidades seniles. Les es difícil conseguir una pareja adulta y por ello buscan a un niño o a un adolescente.

Personalidad de la víctima

La víctima suele ser por lo general la hija mayor y tiene una edad entre 5 a 16 años, con un mayor porcentaje entre los 8 a 12 años. Es decir la mayoría estaba entrando en la adolescencia con todos sus profundos cambios fisiológicos, psicológicos y sociales.[24]

Dussich [25] señala en relación a la víctima:

- La mayoría de las niñas víctimas lo permiten y procuran una reacción afectiva.
- La hija no acusa a su padre por miedo a ser responsable de una separación familiar.
- La hija y la familia puede temer la pérdida del sostenimiento económico del padre.
- La hija acepta la relación incestuosa para así ocupar y desempeñar el cargo de persona madura en la familia, encargándose de los niños más pequeños.
- La hija puede sentirse frustrada e indefensa ya que la madre la rechaza.
- La hija puede sentir temor y miedo ante el padre y ante la reacción de la familia que la considerará culpable.

La conducta de incesto tiene a nuestro criterio consecuencias muy graves a nivel psicológico y que determinarán cambios profundos en el comportamiento de la víctima.

- Sentimientos de culpa y de depresión que difícilmente superará, estos sentimientos, relacionados a la integración del núcleo familiar.

---

24 Ver Dussich, Lee, Morgan, Taylor, *ob. cit.*
25 *Idem.*

— La reacción ante la conducta de incesto, la puede llevar, luego de un periodo a huir del núcleo familiar.
— A cometer delito de infanticidio, para ocultar la relación incestuosa.
— A comportamiento sexual antisocial, esto es la prostitución.
— Las consecuencias a largo plazo del incesto: suicidio, prostitución, adicción a drogas, y grave incstabilidad psíquica.

La conducta de incesto está muy relacionada con la prostitución, ya que la prostitución es una forma de autodestrucción y su forma de vida sexual es un mecanismo de defensa contra la desintegración del yo.[26]

En la psicología de la prostituta se produce la separación entre los aspectos físicos o sexuales y los idealistas y afectivos del amor infantil. La importancia real de las rupturas persistentes y patológicas estriba en que están destinados a cumplir una función esencialmente protectora disociando los deseos sexuales de los objetos parentales a los que estaban vinculados.[27]

En resumen:

— Los procesos en el intra-grupo familiar, especialmente la relación padre-madre son los que provocan la conducta de incesto.
— La familia se aísla no sólo a nivel sociológico y geográfico sino estructura una caparazón psicológica de aislamiento.
— Las figuras padre-madre están en una relación sumamente simbiótica en la que la hija es una prolongación de esa simbiosis.
— Pero no obstante esa simbiosis se disocian los aspectos sexuales, en la que la hija es el objeto y el individuo continúa en su rol de padre.

---

[26] Ver MARCHIORI, *ob. cit.*
[27] Ver GLOVER, *The Psychopathology of prostitution.* Londres, 1957.

— La madre permite y acepta la relación incestuosa revelando con ello su grave problemática psíquica y social.
— La personalidad senil o pre-senil del padre en algunos casos acentúa las conductas de desinhibición.
— Las consecuencias en la víctima del incesto son muy profundas, podríamos decir que a menor edad mayor grado de trastornos psíquicos.

Las consecuencias para la víctima son generalmente: la prostitución, drogadicción, suicidio (todas conductas autodestructivas) y las alteraciones profundas en la personalidad.

La conducta de incesto es una conducta simbiótica que emerge de una estructura familiar patológica.

Capítulo IV

METODOS EN EL DIAGNOSTICO CLINICO-CRIMINOLOGICO

Entre las técnicas y métodos más importantes para el diagnóstico clínico-criminológico, podemos mencionar:

— La entrevista.
— Historia clínica.
— Estudio familiar.
— La visita a la familia del autor del delito.
— El estudio de la víctima y de la familia de la víctima
— El estudio del expediente jurídico.
— Los tests psicológicos.

La entrevista

Tanto la entrevista focalizada como la entrevista abierta, especialmente esta última, son técnicas sumamente valiosas en las instituciones penitenciarias, ya que permiten aprehender la situación global que vive el individuo.

La entrevista se aplica generalmente:

— Al ingresar el individuo a la institución. La entrevista es una técnica esencial para el diagnóstico clínico-criminológico.
— En los diversos estudios técnicos: medicina, psicología, psiquiatría, pedagogía, trabajo, estudio familiar, aspec-

tos de seguridad; todos estos sectores utilizan frecuentemente la técnica de la entrevista. Asimismo el Departamento jurídico a los fines del proceso y sentencia y del expediente jurídico-criminológico.

— Los departamentos de actividades artísticos-culturales y el departamento de actividades deportivas.
— En la visita familiar, esta técnica es útil para el conocimiento de las relaciones familiares.
— La entrevista a la pareja (interno y esposa) por los departamentos médicos, psicológico y de trabajo social a los fines del tratamiento y también del control de la visita conyugal.
— En la visita que psicología y trabajo social realizan a la casa de la familia del interno.
— En los estudios victimológicos.
— La entrevista es una técnica de evaluación sobre el desarrollo del tratamiento del individuo, así como de su sintomatología psíquica y social inicial.
— La entrevista permite el estudio clínico-criminológico del individuo que se presentará al Consejo Interdisciplinario.
— La entrevista como técnica de tratamiento para la preparación de la salida del individuo a nivel de orientación y control.
— En las diferentes etapas de pre-liberación, la entrevista es utilizada con el interno y con la familia.
— En los controles post-institucionales.
— La entrevista se aplica tanto en el diagnóstico como en el tratamiento.

Aplicación de la entrevista. Las personas que aplican la entrevista son generalmente los profesionales o técnicos de las diferentes disciplinas: médicos, psiquiatras, psicólogos, trabajadores sociales, abogados, pedagogos, maestros de actividades laborales, de actividades culturales, deportivas. Personas con conocimiento en criminología y penitenciarismo. El *lugar* donde se realiza debe tener cierta privacía para las dos personas (entrevistado-entrevistador) donde se permita el desarrollo de un diálogo sin interferencias. Pero esto no quiere decir que sea un lugar cerrado y alejado de las demás personas, muchas veces las mejores y más fructíferas entrevistas se realizan simplemente caminando y dialogando con un interno, aparentemente en un encuadre situacional informal.

Mostrar la institución a un individuo que ingresa, especialmente en los aspectos importantes relacionado a la vida del interno: dormitorio, talleres, escuela, consultorio médico, del psicólogo, de trabajo social, etc. mientras se realiza la entrevista permite un diálogo de mayor acercamiento y comprensión hacia el individuo y éste lo sentirá con mayor intensidad lo que posibilitará su catarsis y conocer su problemática, su situación individual y familiar. Los profesionales y técnicos deben salir de sus consultorios, acercarse al interno y no esperar que éste agudice su conflictiva para asistirlo.[1]

La visita a la familia del interno en el lugar donde vive proporciona la información sobre la situación familiar el conocimiento sobre las posibilidades de ayuda que brindará esa familia al interno durante la estadía en la cárcel y cuando salga.

Es importante y útil para todos los departamentos que *son responsables* del tratamiento, lo reportes sobre el estado del interno y de su tratamiento.

José Bleger [2] señala los siguientes aspectos en la entrevista, que consideramos importantes:

La entrevista es el instrumento o técnica fundamental del método clínico y es por lo tanto un procedimiento de investigación científica. La entrevista puede ser de dos tipos: abierta y cerrada (focalizada). En ésta las preguntas ya están previstas, como el orden y la forma de plantearla. En la entrevista abierta el entrevistador tiene amplia libertad para realizar las preguntas con una gran flexibilidad para una investigación de la personalidad. La entrevista intenta el estudio y la utilización del comportamiento total del sujeto en todo el curso

---

[1] Se debe "caminar" la institución, recorrerla, saber que está "pasando" en las diferentes áreas.

[2] Ver J. Bleger, *La entrevista*. Ed. Visión, Buenos Aires.

de la relación establecida con el entrevistador durante el tiempo en que dicha relación se extienda.

La regla básica de la entrevista ya no consiste en obtener datos completos de la vida de una persona, sino obtener datos completos de su comportamiento total en el curso de la entrevista. Este comportamiento total incluye lo que recogeremos aplicando nuestra función de escuchar, pero también nuestra función de vivenciar y observar.[3]

Cada entrevista tiene un contexto definido en función del cual se dan los emergentes y estos últimos sólo tienen sentido y significación en relación y función de dicho contexto.

El campo de la entrevista no es fijo sino dinámico, es decir está sujeto a un permanente cambio y la observación se debe extender del campo específico existente en cada momento a la continuidad y sentido de estos cambios.

Las lagunas, disociaciones y contradicciones que se dan en la entrevista conducen a algunos investigadores a mirar la entrevista como instrumentos de poca confianza señala BLEGER,[4] sin embargo en estos casos el instrumento no hace más que reflejar lo que corresponde a las características del entrevistado, es decir son contradicciones y disociaciones de la personalidad.

Asimismo el tipo de comunicación que se establece es altamente significativo de la personalidad del entrevistado, especialmente el carácter de las relaciones interpersonales. Importa observar los momentos de cambio en la comunicación y las situaciones y temática frente a las que ocurren así como las inhibiciones, interceptaciones y bloqueos.

En la relación interpersonal que se establece en la entrevista hay que contar con dos fenómenos altamente significa-

---

[3] La teoría de la entrevista ha sido influida por conocimientos derivados del psicoanálisis, la dimensión inconsciente de la conducta y la contratransferencia, de la transferencia de la resistencia, la represión, proyección, etc. La *gestalt* ha aportado la comprensión de la entrevista como un todo en el cual el entrevistador es uno de sus integrantes. La topología ha conducido a plantear y reconocer el campo psicológico y sus leyes tanto como el enfoque situacional. El conductismo ha influido con la importancia de la observación del comportamiento total. Ver BLEGER, *ob. cit.*

[4] Ver BLEGER, *ob. cit.*

tivos: la transferencia y la contratransferencia. La transferencia se refiere a la actualización en la entrevista de sentimientos actitudes y conductas inconscientes por parte del entrevistado, que agregan una dimensión importante al conocimiento de la estructura de la personalidad y al carácter de sus conflictos. En la contratransferencia se incluyen todas las conductas, actitudes y sentimientos que aparecen en el entrevistador, como emergentes del campo psicológico que se configura en la entrevista.

La ansiedad constituye un índice del curso de la entrevista y debe ser atentamente seguida por el entrevistador, para ver su grado e intensidad. La entrevista dice Bleger puede quedar incontrolada si sobrepasa cierto nivel por lo que el umbral de tolerancia a la misma debe ser permanentemente detectado.

Frente a la entrevista y durante la misma se puede incrementar tanto la ansiedad del entrevistado como sus mecanismos de defensa, porque lo desconocido que enfrenta no es sólo la situación externa nueva, sino también el peligro de lo desconocido en su propia personalidad.

La ansiedad del entrevistador es uno de los factores más difíciles de manejar y el investigador tiene que poseer la capacidad para tolerarla e instrumentarla. Frente a la ansiedad no se debe recurrir a ningún procedimiento que la disimule o reprima; la ansiedad debe ser manejada comprendiendo los factores por las cuales aparece. Si lo que predomina son los mecanismos defensivos frente a la ansiedad, la tarea del entrevistador es desarmar estas defensas para que aparezca un cierto grado de ansiedad, lo que significa un índice de la actualización de los conflictos. Todo este manejo de la ansiedad (manejo técnico, refiere BLEGER) teniendo en cuenta la personalidad del entrevistado y por sobre todo el beneficio que para él puede significar la movilización de la ansiedad.[5]

En la entrevista operativa, que tiene como fin el diagnosticar una situación o acción crítica, ULLOA [6] explica que en el diagnóstico representa: diagnosticar la emoción básica más

[5] Ver J. BLEGER, *ob. cit.*
[6] Ver ULLOA, *Entrevista operativa.* Buenos Aires.

actuante que se traducen en dos miedos básicos: miedo a la pérdida de algo amado y miedo al ataque por algo odiado; diagnosticar el objeto (persona o situación) a que se refiere este miedo; diagnosticar el vínculo que se establece; diagnóstico de los mecanismos de defensa de la personalidad.

Estos tipos de entrevistas son útiles en el conocimiento del interno y de los miembros de la familia ya que facilitan el diagnóstico y la situación conflictiva.

Historia clínica criminológica

Los objetivos fundamentales son:

— Conocimiento de los datos y etapas de la vida del individuo desde el punto de vista físico, psíquico y social.
— Conocimiento del desarrollo, evolución de la historia del individuo, de su núcleo familiar y social.
— La conducta delictiva en relación a la personalidad e historia personal y familiar.
— Cada departamento técnico penitenciario acentúa las investigaciones sobre las áreas que le competen, así por ejemplo, medicina, los antecedentes de enfermedades, estado físico del interno, etc. Trabajo social las áreas relacionadas a la familia.

La historia clínica criminológica permite conocer:

— El proceso que condujo al delito. Si bien es cierto que las motivaciones son diferentes en cada individuo, a través de la historia clínica podemos entender la dinámica delictiva.
— La historia clínica es el inicio de las investigaciones que conducirán progresivamente a una explicación de la conducta antisocial realizada por el individuo.
— La historia clínica criminológica abarca todos los datos relacionados a la vida de un individuo de su pasado, presente y de sus perspectivas futuras.

— La dinámica y complejidad de la historia clínica criminológica revela múltiples facetas del individuo, diferentes roles en la relación interpersonal que serán valiosos para comprender la relación delictiva, especialmente la relación autor-víctima.
— Los datos de la historia clínica criminológica, junto a otras técnicas permiten:
- el diagnóstico clínico-criminológico
- la detección victimológica
- la detección de una conflictiva criminológica determinada
- contestar a la pregunta, quién es el individuo que ingresa a la institución penitenciaria.

Observaciones en relación a la historia clínica criminológica

Nombre. El sobrenombre o apodo del individuo indica de qué manera se perciben aspectos de la personalidad, por las características del apodo. Señala caracteres y conductas habituales. Los individuos reincidentes a veces tienen apodos relacionados a un tipo especial de técnica que utilizan para cometer el delito.

Edad. ¿Qué edad tiene el interno? La edad es un dato que nos permite conocer no sólo la edad cronológica sino también relacionarla con la edad mental del individuo. Para poder apreciar el valor sintomático de la edad, desde el punto de vista criminológico es necesario considerar que los procesos de maduración bio-psico-sociales no se dan rígidamente de igual manera en todos los individuos, sino que es particular de cada persona.

El confrontamiento entre la edad cronológica y la edad mental permite conocer si el interno presenta un retraso en el desarrollo, si tiene un retardo mental y determinar el grado del trastorno. Asimismo la edad nos indica el deterioro que manifiesta el individuo, especialmente en el caso de una grave adicción alcohólica, o de traumatismo cerebral.

Estado civil. Si el interno es soltero, casado, viudo, si vive en concubinato. La respuesta implicará el conocimiento no sólo de la situación civil del interno sino probables datos en relación al delito. Por ejemplo, el delito de un anciano viudo puede estar relacionado a la reciente muerte de la esposa y su temor a la soledad y a la angustia ante la muerte. También en los casos de delitos de infanticidio, en que la autora es generalmente madre-soltera que ha sido abandonada, ante el rechazo familiar y social realiza el delito como un medio de ocultamiento.

Escolaridad. ¿Cuál es la del individuo? ¿Abandonó la escuela desde niño? las dificultades en el aprendizaje, etc., nos dicen mucho acerca de las dificultades psíquicas, sociales, las relaciones interpersonales, la conflictiva familiar (retardo mental, frustraciones, rechazo a la autoridad, conductas agresivas, deprivación, etc.). Por lo general la población penitenciaria presenta una escolaridad baja de escuela primaria sin terminar, pero también hay personas de niveles altos, universitarios y profesionales.

¿Cuál es la relación escolaridad-delincuencia? ¿Es de mayor peligrosidad los individuos con mayor nivel cultural? Evidentemente que esto es muy relativo y difícil y complejo de definir pero puede esclarecer los modos e instrumentos en relación al delito, la premeditación delictiva.

Al parecer se observa que los niveles escolares altos están relacionados a conductas de fraudes, estafas, delitos económicos, Se observa que los individuos de nivel escolar bajo tienen una menor percepción del delito y de sus consecuencias.

Trabajo. El trabajo que desempeña el individuo es otro datos importante que nos revela múltiples aspectos de su comportamiento. Esto en relación a su estabilidad, características del trabajo, si es zona urbana o en zona rural.

Es conocido, por ejemplo, que los individuos que están por delitos contra las personas (homicidio, lesiones, etc.) presentan frecuentemente una coherencia y estabilidad laboral, en cambio los que están por delitos contra la propiedad (hurtos, robos, estafas, etc.) son inestables, con cambios permanentes en sus trabajos, conflictos en sus relaciones con los demás y principalmente con la figura de autoridad.

El conocimiento del trabajo desarrollado por el individuo indicará el grado de su capacitación laboral, esto es las posibilidades de intensificar el tratamiento en esa área (determinada posteriormente por el maestro a cargo de la laborterapia).

Como veremos más adelante la aplicación de tests psicológicos de aptitudes y actitudes serán necesarios y útiles en relación a los individuos que han carecido de un aprendizaje laboral. Pero este estudio es posible partiendo de los datos laborales que se obtengan de la historia clínica criminológica.

Delito. ¿Por qué delito fue detenido e ingresó a la institución el individuo? Aquí se desea obtener toda la información relacionada a la conducta delictiva.

El individuo puede contestar de una manera simple y concreta "homicidio" pero se debe lograr obtener un *relato* del delito realizado por el mismo sujeto.

Paulatinamente se debe llevar al sujeto a una descripción sobre el hecho. Es importante la versión que él dé sobre su propia conducta porque permitirá conocer datos significativos que serán sumamente útiles, por ejemplo, omisiones, justificaciones de la agresividad, inculpaciones a determinados miembros de la familia, comportamiento de la víctima, etc. Todos datos esenciales para el conocimiento de las motivaciones delictivas. Y el conocimiento de sus motivaciones permitirán tener un diagnóstico clínico criminológico más fundamentado que posibilitará mayor eficacia en las medidas de tratamiento.

En un principio es necesario que el paciente-interno hable sobre su delito, ese relato será significativo e importante porque es tal cual ve él los sucesos, o de qué manera él los justifica.

Posteriormente al relato se realizarán las preguntas hasta un conocimiento de la conducta delictiva en todas las áreas, es decir se deben tener los datos sobre el lugar donde sucedieron los hechos, instrumentos empleados en la conducta, relaciones autor-víctima, sus vinculaciones y el proceso de esas relaciones, el desarrollo de los acontecimientos, situación predelictiva, situación post-delictiva, datos sobre la víctima.

Sentencia. Aquí se desea obtener la pena aplicada al individuo, es decir los años de sentencia.

Si el sujeto no está sentenciado se pregunta cuál es su situación procesal.

Cuánto tiempo llega en la institución. Si la historia clínica criminológica se realiza en los primeros días de ingreso a la institución, esta pregunta no corresponde. Pero si el sujeto tiene un tiempo, es necesario saber cuánto tiempo lleva, y los comentarios que él pueda realizar sobre ello. También puede suceder que el individuo viene trasladado de otra institución.[7] y es necesario el conocimiento de los datos sobre el tiempo que lleva privado de la libertad.

Antecedentes. Penales, policiales. Es muy importante desde una criminología clínica el conocimiento de los antecedentes policiales y penales del individuo. ¿Qué tipo de reincidencia, qué delito, qué sentencia? Si sólo fue detenido, procesado, ¿cuáles fueron sus vivencias y experiencia en relación a esto?

Es evidente que los datos de un individuo reincidente obligan a pensar en las fallas de los tratamientos que se administran pero también en las fallas individuales que se proyectan en una mayor agresividad hacia los demás y hacia sí mismo.

A medida que transcurre la historia clínica criminológica vamos infiriendo otros datos, ejemplo: alcoholismo, sobre el nivel de comunicación que tiene el individuo, sobre sus actitudes hacia sí mismo y hacia los demás.

Visitas. ¿Recibe usted visitas en la institución? Con esta pregunta iniciamos la información sobre los datos relacionados a la estructura familiar del paciente-interno.

---

[7] Muchas veces estos traslados están relacionados al domicilio de la familia del interno, para facilitar la visita y también como medida de seguridad.

En los delitos cometidos dentro del núcleo familiar o en relación a la familia esta pregunta está totalmente involucrada en la dinámica criminológica, por lo que la pregunta debe hacerse teniendo en consideración especial esta situación.

La pregunta sobre la visita familiar revela múltiples aspectos que serán importantes para el tratamiento del interno. El paciente-interno no recibe visitas. ¿Por qué será la pregunta inmediata?:

— La familia lo abandonó (es reincidente).
— El interno abandonó a la familia y ésta ignora que se encuentra en la cárcel.
— La familia vive lejos y no puede visitarlo.
— Carece de familia (muerte o ignorancia del paradero de miembros de la familia).
— No desea que la familia lo visite.

Todas estas cuestiones son básicas para fijar las líneas de tratamiento:

— El interno recibe visitas: ¿quiénes?, es decir qué relación de parentezco tiene con la visita.
— La frecuencia de esas visitas.[8] Si las visitas son esporádicas, preguntar sobre los motivos.

La visita es un elemento importante en el tratamiento del interno, especialmente significa mantener los vínculos familiares y la posibilidad de reintegración a su núcleo familiar.

Desde el punto de vista de la familia, visitar al interno significa asumir la responsabilidad de asistir y colaborar en la recuperación de un miembro de la familia con una problemática antisocial. Es también asumir los graves problemas económicos y de inseguridad que representa la ausencia del interno, es el caso de la esposa con hijos pequeños.[9]

---

[8] Generalmente en las instituciones penitenciarias las visitas de los familiares se realizan una o dos veces a la semana.

[9] Ver García Ramírez, *La Visita.* Rev. Criminología, Estado de México, 1978 y *La prisión,* 1975, Ed. Fondo de Cultura Económica.

Los datos sobre la estructura familiar se obtienen de una manera espontánea cuando se pregunta sobre la visita familiar y sobre la organización familiar.

Padre. Todos los datos posibles sobre esta figura. Si vive, ¿qué edad tiene, a dónde vive, qué trabajo realiza, cómo percibe el interno al padre, cómo son sus relaciones interpersonales?

Madre. También aquí se pregunta sobre todos los datos en relación a la figura materna. Siguiendo el esquema anterior.

Hermanos. Edad, ocupación, escolaridad de cada uno de ellos. Percepción del interno hacia los hermanos, ¿cómo son sus relaciones interpersonales? ¿con cuál hermano se identifica mejor?

Como hemos visto, muchas veces el delito se produce dentro del núcleo familiar, es decir autor-víctima pertenecen al mismo grupo familiar. Aquí es necesario preguntar con mayor cuidado sobre el delito para conocer los aspectos de agresión y autoagresión que han generado los mismos miembros de la familia y también cómo ha reaccionado la familia ante el delito cometido.

Infancia. Datos relacionados a la infancia del interno:

— Lugar de nacimiento
— Dónde transcurrió su infancia
— Con quiénes vivió
— Sus vivencias y recuerdos más importantes

Escuela

— Si asistió a la escuela, desde qué edad
— Rendimiento escolar
— Las dificultades escolares (repetición de año escolar, abandono y por qué causa, etc.)

Adolescencia

— Dónde vivió
— Con quiénes

— Qué actividades desarrollaba
— Asistencia a la escuela
— Si fue necesario comenzar a trabajar
— Vivencias y recuerdos más importantes de esta etapa de la vida

Enfermedades

— Qué recuerda de la infancia y adolescencia
— Enfermedades y accidentes

Trabajo

— Las actividades ocupacionales que realizó el interno
— Tipo de trabajo y tiempo de permanencia aproximado
— Edad que comenzó a trabajar.

Estos datos sobre el trabajo son valiosos en la historia clínica criminológica porque revelan las dificultades o logros del interno en cuanto a una ocupación y desde el punto de vista psicológico revela la estabilidad en una de las áreas más importantes del desarrollo de una persona.

Así sabemos por ejemplo que muchos niños que se fugan del hogar comienzan muy tempranamente una actividad laboral, caracterizada por inestabilidad y cambios violentos de trabajo que están muy relacionados a conductas antisociales, especialmente en delitos contra la propiedad.

El trabajo "ambulante" o por jornal también revela inestabilidad, propia de los jóvenes desorientados y reincidentes.

Dificultades. Si bien se tiene un panorama del desarrollo individual y familiar, así como el delictivo, es significativo preguntarle al interno cuáles han sido, a su criterio, las mayores dificultades que él ha tenido en su vida.

Matrimonio. Si el interno está casado se deben obtener los datos relacionados a su pareja:

Esposa

— Edad
— Escolaridad

— Trabajo
— Dónde vive y con quién
— De qué manera percibe el interno a su esposa.

De los datos sobre la esposa deriva la pregunta sobre la visita conyugal, también sobre las dificultades que pueda tener la pareja.

— ¿Qué piensa la esposa de la situación del interno, del delito?

Aquí no sólo obtenemos los datos sobre la familia del interno sino sobre la ayuda que tiene de la esposa como sostenedora del hogar, del vínculo matrimonial, del afecto hacia el interno y de la protección y ayuda que brindará cuando salga el interno de la institución penitenciaria.

Hijos

— Número de hijos
— Edad de cada uno
— Escolaridad
— Trabajo
— Dónde viven los hijos
— Reacción de los hijos ante el delito y ante la familia.

El conocimiento sobre los datos de la familia del interno nos permitirá realizar un resumen sobre:

El estado actual de la familia. En la que se anotan los datos más importantes de la familia en relación al interno, que serán de suma utilidad para el diagnóstico y tratamiento.

Características de personalidad del interno. Es un resumen sobre las características más importantes del interno desde un enfoque criminológico.

Es una apreciación del grado del madurez del individuo, por ejemplo, en la historia clínica psicológica y de sus conflictos, resumen de las características afectivas, intelectuales, alteraciones en el desarrollo, área de comunicación interpersonal, etc. Todos estos datos permiten llegar a una aproximación diagnóstica-clínica-criminológica.

EL DIAGNÓSTICO FAMILIAR

Los objetivos principales del estudio familiar comprenden:

— El autor del delito como miembro de un grupo familiar y social.
— El interno como emergente de un grupo familiar enfermo.
— El conocimiento de la historia del interno-delincuente a través de miembros de la familia.
— El conocimiento de las relaciones interpersonales entre los miembros de la familia, especialmente los conflictos y conductas agresivas.
— El estudio familiar como un medio para la comprensión de los procesos que llevaron al delito.
— La detección de las características familiares y la actitud de la familia hacia el interno, de ayuda, de rechazo, de indiferencia, de incomunicación, etc.
— El diagnóstico familiar que permitirá una mayor comprensión del diagnóstico individual.
— La detección de la actitud y disposición de la familia a asistir al interno durante su reclusión. Ejemplo, visita familiar.
— La actitud familiar para la asistencia post-institucional del interno.

Técnica del estudio familiar. Pueden concretarse en los siguientes puntos:

— Es una entrevista, con similares lineamientos a los ya señalados, a un miembro o varios del grupo familiar.
— La entrevista familiar es manejada para obtener información sobre el interno y sobre la familia.
— Antes de la realización del estudio familiar se requiere el conocimiento de la problemática del interno, de su diagnóstico.
— A través de las técnicas aplicadas se obtienen los siguientes datos familiares:

Datos de la persona entrevistada, es decir:

- Nombre.
- Edad.
- Escolaridad.
- Ocupación.
- Domicilio.
- Parentezco o relación con el interno.
- Percepción del interno y del delito.
- Causas que llevaron al interno al delito, según la familia.
- Datos sobre el interno, de su rol como miembro de la familia, sus características.
- Comportamiento agresivo hacia los miembros del núcleo familiar y hacia el medio externo.
- Antecedentes delictivos en otros miembros de la familia.
- Problemas victimológicos. Si han recibido amenazas de los familiares de la víctima (antes y después del delito).
- Actitud de los miembros de la familia del interno hacia la visita familiar. Disposición a ayudar al interno.
- Colaboración en el tratamiento.
- Ayuda y asistencia post-institucional.
- La familia como medio de control en la pre-libertad del interno.

Dependerá del momento en que se aplique el estudio familiar para acentuar las preguntas señaladas. Por ejemplo, si el interno hace poco tiempo que ingresó a la institución, las entrevistas con la familia estarán centralizadas en el diagnóstico familiar y la actitud de la familia hacia el interno. Si por el contrario la salida del interno, cumpliendo su sentencia está próxima, la entrevista familiar permitirá apreciar y valorar las posibilidades de control y ayuda que tendrá el interno a su reingreso al núcleo familiar.

Claro que en la aplicación de las técnicas para el estudio familiar debemos tener en consideración las diferencias tan notables que se observan entre los delincuentes primarios y delincuentes reincidentes, en relación a la familia. En los delincuentes primarios, especialmente en los delitos contra la persona, existe una integración familiar, asisten y ayudan al interno en su rehabilitación. Los delincuentes reincidentes han abandonado ellos a sus familias, huyendo de las ansiedades de las familias desintegradas.

Es evidente, por lo anterior, que habrá más posibilidades de realizar las entrevistas a las familias de delincuentes primarios que a las familias de delincuentes reincidentes. Pero también es evidente que las entrevistas serán cualitativamente diferentes y complejas en las familias desintegradas e incomunicadas. No sólo plantearán serios inconvenientes para realizar las entrevistas sino que a través de éstas se *repetirá* la situación de rechazo e incomunicación que han caracterizado las relaciones interpersonales entre interno-familia. Claro que esto implica una sintomatología y proyección de la patología familiar, que posibilitará la comprensión de la delictiva del interno pero también representará las dificultades para que la familia brinde ayuda al interno, que lo visite en la institución y desee el retorno a la familia. Lo que se observa frecuentemente es que la familia se desentiende, vuelve a rechazar al interno y muchas veces desea su muerte.

Desde el punto de vista criminológico es importante conocer la actitud de la familia hacia el interno, lo que piensa la familia sobre la asistencia y rehabilitación. Porque debemos partir de un conocimiento real de los datos, en el aquí y ahora de una situación existencial, de la vida del interno para poder valorar si en el tratamiento institucional y post-institucional podremos incluir o no a la familia.

La visita a la familia del interno

El estudio del núcleo familiar y de las características de la familia se amplía con mayores y nuevos datos con la visita al domicilio donde vive la familia.

Permite observar:

— El lugar, pueblo, ciudad, zona rural, colonia, etc., donde vive la familia del interno (y también probablemente donde vivió el interno).
— Los aspectos sociales, culturales, económicos de la familia del interno.
— La casa habitación, los medios que rodean a la familia.
— Se detectan los conflictos de la familia, sus necesidades, sus expectativas.
— En el ámbito de la casa-hogar, la familia se refiere al interno con confianza sobre su vida y sobre el delito que en el contexto de una institución penitenciaria.
— La visita familiar permite conocer y hablar con otros miembros importantes del núcleo familiar que *no* visitan al interno. Estas personas dan su percepción sobre la situación del interno, los motivos que lo llevaron al delito y sobre su comportamiento. Por lo general estas personas son: ancianos que no pueden trasladarse para visitar al interno, personas enfermas, parientes que están visitando a la familia del interno, personas que rechazan al interno, especialmente en los casos en que el delito fue cometido dentro del grupo familiar.
— La visita familiar permite ver las necesidades de la familia y la ayuda que el interno está obligado a brindar para el sostenimiento familiar.
— La visita conduce a orientar a la familia para que visite al interno en la institución y de ese modo no sólo mantener los vínculos familiares sino ayudar en la rehabilitación del interno. Esto en los casos en que la familia no asista a la institución penitenciaria.
— A través de la visita a la familia del interno se obtiene información sobre amenazas o problemas victimológicos tanto que provengan y se originen de parte de los familiares de la víctima, como de parte de la familia del interno, amenazas de venganzas, por falsas acusaciones, etc.
— La guía del estudio familiar es útil para aplicarla también en la visita familiar. Estos datos son valiosos para una comprensión de la dinámica familiar criminológica

y deben anotarse en relación a cada miembro entrevistado en la visita, así como el resumen sobre las características de la familia.

— La visita familiar permite obtener nuevos datos para el diagnóstico familiar.
— Asimismo conocer aspectos importantes de la vida del interno para la integración de su diagnóstico y tratamiento.

Estudio de la familia de la víctima

La victimología, señala Rodríguez Manzanera[10] como análisis de los que padecen por una conducta antisocial se ha centrado en los estudios sobre los tipos de víctimas, su participación en el hecho, su mayor o menor voluntariedad, su responsabilidad, la necesidad de compensación, tratamiento, la relación victimario-víctima.[11]

La conducta criminal difícilmente puede explicarse, especialmente en determinadas conductas, sin el análisis de la víctima.

Entre los objetivos principales en el estudio de la familia de la víctima podemos mencionar:

— La detección de una problemática victimológica (de venganza).
— Conocimiento, según la víctima y la familia de la víctima de datos relacionados al delito, a las circunstancias que motivaron la conducta delictiva.
— Conocimiento de las características de la víctima. Ejemplo: una víctima con un retardo mental conduciría a información importante en relación al diagnóstico del autor del delito. La edad, escolaridad, rasgos de perso-

---

[10] Ver L. Rodríguez Manzanera, *Criminología*. Ed. Porrúa, 1979.

[11] Rodríguez Manzanera comenta que Mendelshon en sus trabajos señala tipos de víctimas desde las totalmente inocentes hasta las definitivamente culpables, pasando por víctimas provocadoras, imprudenciales, voluntarias, ignorantes, agresoras, simuladoras, imaginarias. Ver Rodríguez Manzanera, *ob. cit.*

nalidad de la víctima son aspectos esenciales para la comprensión de la dinámica del delito.

— La relación autor-víctima, implica el estudio de las relaciones interpersonales en la interacción de los participantes (autor-víctima) en una determinada situación, en este caso en la conducta agresiva. Podemos referirnos a una relación de conocimiento entre autor-víctima (por pertenecer al mismo grupo familiar), relación o vínculo laboral, de amistad, de vecinos, etc., y relación de desconocimiento entre autor-víctima. Por ejemplo, en la conducta de hurto generalmente existe una relación de desconocimiento entre autor-víctima; en cambio en los homicidios la relación es de conocimiento, en sus diversos grados.
— En el estudio de la víctima o de la familia de la víctima es importante conocer previamente los datos sobre el diagnóstico del autor del delito, y de su familia, a los fines de poder formular las preguntas.
— El estudio victimológico no debe dañar o causar angustia a la víctima y en sus familiares, debe tranquilizar y proteger. Principalmente orientar para prevenir reincidencias o nuevos problemas que agravan la situación.

Estudios del expediente jurídico

A los fines del diagnóstico es necesario acudir al expediente jurídico sobre la situación que guarda el interno.

El expediente jurídico permite apreciar y conocer:

— La situación jurídica del interno, esto es, si está detenido, procesado o sentenciado.
— El delito según las actas jurídicas, cuyas copias figuran en el expediente.
— La descripción del delito y sus circunstancias.
— Los antecedentes policiales y penales.
— La sentencia y la fundamentación de la misma, es decir las circunstancias relacionadas al delito y las circuns-

tancias relacionadas a la personalidad del interno que considera el juez para aplicar y graduar la pena.

— Otros datos o informes policiales o penales del interno.

— En el expediente jurídico del interno se incluyen todos los datos que aportan conocimiento acerca de la evolución y actualidad de la mencionada situación desde las copias del escrito de consignación, el auto de detención y de la formal prisión, hasta la sentencia ejecutoria de las resoluciones referentes al amparo, en el caso de que el interno, haya intentado el juicio constitucional, así como las constancias de notificaciones judiciales que recibe el interno en la institución y solicitud de los beneficios que otorgan las leyes.

En un trabajo sobre la integración del expediente criminológico EDUWIGES VILLEGAS señala en relación al catálogo de formas que integran el expediente criminológico del interno en el Centro Penitenciario: [12]

— Cubierta con elementos jurídicos para la identificación del interno con sus 7 secciones correspondientes.

Sección jurídica

1. Copia del oficio con el que se remiten las diligencias del Departamento de Averiguaciones Previas, al juzgado correspondiente.
2. Copia del oficio con el que la Procuraduría General de Justicia ordena a la Policía Judicial o Preventiva, el traslado del interno a la cárcel preventiva o al Centro Penitenciario.
3. Copia del oficio en el que el Centro Penitenciario o la cárcel preventiva, comunica a las autoridades correspondientes, el ingreso del interno.

---

[12] VILLEGAS V. EDUWIGES, "El estudio clínico-criminológico del infractor en México". Tesis presentada a la Universidad Autónoma de México, 1976. Asimismo ver "El expediente clínico-criminológico del interno en el Centro Penitenciario del Estado de México". *Revista de Criminología Nº 2,* México, 1978.

4. Copia del oficio en el que la Secretaría General de la Institución Penitenciaria, indica a la Jefatura de Vigilancia la ubicación del interno dentro de la misma.
5. Oficio del Juzgado que conoce de la causa, comunicando la detención del procesado al Centro Penitenciario.
6. Copia del auto de formal prisión.
7. Oficio remitiendo antecedentes penales y cartas de identificación al Juzgado que conoce la causa.
8. Copia del oficio en el que se solicitan los estudios de ingreso del interno a los diferentes departamentos técnicos.
9. Copias de los oficios con los que se envían a las autoridades judiciales las diligencias relacionadas con el proceso.
10. Oficio con el que se remiten los estudios de los diferentes departamentos técnicos, practicados al interno, a la autoridad correspondiente.
11. Copia de la sentencia de primera instancia.
12. Copia de la ejecutoria pronunciada por el tribunal.
13. Copia del oficio del juez, poniendo al interno sentenciado a disposición de la autoridad ejecutora con el fin de que cumpla las sanciones que le fueron impuestas en la sentencia.
14. Oficio del señalamiento de la sentencia del interno, girada por la Dirección General de Servicios Coordinados de Prevención y Readaptación Social, a nivel federal o por el Departamento de Prevención y Readaptación Social del Estado.
15. Solicitud de remisión de pena y libertad preliberacional, en relación al interno, girada al Departamento de Prevención y Readaptación Social.
16. Oficio del Departamento de Prevención y Readaptación Social, concediendo o negando los beneficios, tomando en cuenta los reportes de los diferentes departamentos técnicos de la institución y lo acordado por el Consejo Técnico de la institución.
17. Solicitud del interno en relación a la libertad preparatoria o condicional a la Dirección o Departamento de Prevención y Readaptación Social.

18. Oficio solicitando a Prevención y Readaptación, federal o estatal, ampliación de la remisión parcial de la pena ya sea para el compurgamiento total, para la libertad preparatoria o condicional, anexando:

    a) Datos generales del interno, media filiación y fotos.
    b) Datos informativos sobre peligrosidad.

19. Oficio de acuse de recibo, por parte de Prevención y Readaptación Social de la remisión de pena y libertad condicional, con el que se inician los trámites de dicho departamento.
20. Oficio enviado a la institución por el Departamento de Prevención y Readaptación Social, notificando al interno la fijación de la fianza para obtener su libertad condicional.
21. Oficio de la orden de libertad del interno, girada por el Departamento de Prevención y Readaptación Social a la institución penitenciaria.
22. Copia del oficio de libertad que comunica la Secretaría General de la institución al jefe de vigilancia, para su conocimiento y efectos correspondientes.
23. Acuse de recibo de la Jefatura de Vigilancia, a las autoridades de la institución (subdirector, administrador, y secretario general) del externamiento del interno.

En la sección jurídica de la institución no sólo se lleva el control respecto a esta área sino todo aquello que se relaciona con el expediente integral, es decir el expediente clínico-criminológico.

Otras secciones que integran el expediente clínico criminológico son:

Sección seguridad

24. Copias de los reportes que se giran de la jefatura de vigilancia, al expediente, comunicando al Director de la institución, sobre la conducta del interno.

25. Oficios en los que se impone alguna sanción reglamentaria o aquellos reportes en que se estimule al interno.
26. Reporte de la opinión de vigilancia respecto a la conducta del interno.

Sección médico-psicológica-psiquiátrica

27. Estudio médico general del interno.
28. Oficio relativo a traslado del interno, para atención médica en el hospital (exterior de la institución).
29. Informe psicológico.
30. Informe psiquiátrico.
31. Ficha odontológica.
32. Copias de los medicamentos prescritos al interno, por el jefe del departamento del servicio médico.

Sección ocupacional

33. Estudio laboral.

Sección pedagógica

34. Ficha personal de clasificación.
35. Estudio pedagógico-cultural.

Sección de trabajo social

36. Estudio de ingreso.
37. Estudio económico social del interno.
38. Estudio domiciliario de trabajo social.
39. Estudio del trabajador social para visita especial o familiar.
40. Kardex de visita familiar o credencial individual para cada uno de los familiares del interno.
41. Kardex de visita familiar y credencial individual para la esposa del interno.
42. Informe sobre actividades culturales a los internos presentados a los internos.

Sección preliberacional

43. Oficio enviado al Departamento de Prevención y Readaptación Social, solicitando el beneficio de la libertad preliberacional del interno.
44. Oficio de la autorización por parte de dicho departamento del beneficio solicitado.
45. Informe sobre métodos colectivos y culturales en la etapa de preliberación.
46. Reseña penológica y codificación.
47. Reseña de custodia y codificación.
48. Reseña médica-criminológica y codificación.
49. Informe psicológico.
50. Informe psiquiátrico.
51. Informe laboral.
52. Informe pedagógico.
53. Fecha de liberado.
54. Estudio del departamento de trabajo social del liberado.

Tests psicológicos

Es el estudio de los medios o técnicas para el conocimiento de la conducta y personalidad del individuo.

Anastasi se refiere a dos razones principales para controlar el empleo de los tests psicológicos.

1. Impedir una familiaridad general con el contenido del test, que podría invalidarlo.
2. Asegurarse de que el test es utilizado por un examinador calificado para ello, es decir por un técnico en psicología.

La necesidad de un examinador competente es también obvia en cada uno de los tres aspectos principales de la situación de test:

— la selección del test o la batería de pruebas
— la aplicación
— interpretación de la prueba.

Lo anterior significa que sólo un psicólogo o una persona con entrenamiento en psicología está en condiciones de seleccionar las pruebas que se aplicarán en este caso al interno y sólo podrá seleccionarla conociendo aspectos de la historia clínica y de la problemática del interno (con entrevistas previas que haya realizado). Además el aplicar una prueba en una institución cerrada como es la institución penitenciaria dificulta en gran medida la validez de la prueba si no se toma cuidado en las condiciones de aplicación de los tests.

El psicólogo, con un conocimiento previo del interno, está en condiciones de disponer y determinar que los tests se aplicarán para elaborar el diagnóstico o para corroborarlo. De acuerdo a los datos del interno, sus características, edad, escolaridad, etc., se seleccionará el material de los tests.

Es necesario, asimismo que el psicólogo siga las instrucciones con precisión y que tenga una completa familiaridad con el test. También es muy importante el control cuidadoso de las condiciones de la aplicación del test. Estas son, como se especifican en todos los manuales de psicometría: una habitación, con buena luz, tranquila en la que el paciente pueda desarrollar una tarea.

La interpretación adecuada de las pruebas requiere de una minuciosa comprensión de las características del test y de las observaciones que se vayan obteniendo durante la sesión.

Pichot manifiesta que los tests implican:

a) Que la situación experimental, es decir los elementos en el cual se desarrolla la experiencia, material del test, actitud y consignas dadas por el psicólogo sea perfectamente definidas en todos los casos.

b) Que el registro del comportamiento provocado en el sujeto sea tan preciso y objetivo como resulte posible. Tal comportamiento es muy distinto, según cada caso; para el paciente consiste en escribir una respuesta, en ejecutar cierto trabajo manual, en dibujar, etc. Las condiciones de este registro deben definirse y observarse rigurosamente.

Para poder aplicar cualquier test se requiere del *rapport*. El término *rapport* es el esfuerzo del psicólogo por despertar el interés del individuo, obtener su cooperación y asegurar que siga las instrucciones del test. En las instituciones carcelarias se debe prestar mucha atención para poder lograr el *rapport* del paciente; tener cuidado en no presionar al paciente a una tarea que en ese momento no desea realizar ya que es muy frecuente que él desee hablar, y comunicarse con el psicólogo por los momentos de angustia en la que se encuentra. En esa situación aplicar un test no sólo es inconveniente para la validez del test sino que el psicólogo se expone a romper el *rapport*, esto es la confianza que el sujeto ya ha depositado en él. El paciente se sentirá utilizado, presionado y tomado como un objeto. Y evidentemente éstas no son las finalidades del psicólogo ni de la aplicación de tests. El psicólogo por ello debe valorar muy bien y con mucho cuidado cuando, en qué momento, es necesario la aplicación del test psicológico como una técnica para el diagnóstico.

Por lo anterior y dadas las particulares circunstancias dentro de las instituciones penitenciarias, podríamos decir que los tests psicológicos no deben aplicarse cuando el individuo está detenido, ya que la angustia invade toda las áreas de la personalidad. Asimismo en los momentos del proceso, cuando el paciente está concurriendo al juzgado, o próximo a la resolución de la sentencia, tampoco es conveniente la aplicación de las pruebas.

Las técnicas específicas para el establecimiento del *rapport* varían según el test y las características del interno, pero debe prevalecer una atmósfera de tranquilidad, de seguridad y en todos los casos se debe informar sobre la finalidad del test.

Clasificación de los tests psicológicos

I. *Tests de personalidad*

1. Técnicas proyectivas
2. Inventarios de personalidad
3. Test objetivo de personalidad

II. *Tests de inteligencia*

1. Tests de desarrollo intelectual general
2. Tests de aptitudes diferenciales
3. Tests educativos

III. *Tests de intereses y actitudes*

1. Tests de intereses
2. Tests de actitudes
3. Aptitudes especiales
4. Tests de aptitudes artísticas.

Tests de personalidad

Técnica proyectiva

En psicología se denomina proyección al hecho de atribuir a objetos externos características, intensiones o motivaciones que el individuo desconoce de sí mismo.

La proyección puede realizarse tanto sobre objetos inanimados como sobre seres animados y se puede proyectar tanto el objeto "bueno" como el "malo". Es decir forma parte de la conducta y es muy importante en la psicología de la personalidad. Por ejemplo, en la psicología del delincuente las frustraciones vividas con agresión contra el objeto frustrante, son proyectadas sobre otro objeto y entonces se percibe a este último objeto como agresivo, permitiendo esto mantener el vínculo sin conflictos.

El psicólogo americano Frank, empleó el término de técnicas proyectivas en 1939 para designar un grupo de tests, algunos de los cuales eran conocidos y utilizados pero que él reunía en una nueva perspectiva psicológica. En esencia, decía FRANK, una técnica psicológica es un método de estudio de la personalidad que pone al individuo ante una situación a la cual contestará según el sentido que para él presenta esa situación y según lo que siente mientras contesta. El carácter de una técnica proyectiva reside en que revela la personalidad.[13]

El término proyección fue empleado en primer lugar por Freud, en 1894 utiliza la palabra para dos designaciones:

— Es un mecanismo de defensa contra la angustia. En ese sentido, la proyección consiste en atribuir las propias tendencias y deseos y sentimientos a otras personas o al mundo exterior, por un mecanismo de protección que permite al sujeto no tomar conciencia de la existencia en sí mismo de esos contenidos indeseables.
— Es un mecanismo general, según el cual el recuerdo de nuestras percepciones anteriores tiende a influir la percepción de los estímulos actuales.

La proyección, por consiguiente, desde un punto psicoanalítico implica tres elementos:

a) carácter de inconsciencia de las proyecciones
b) función de defensa del yo
c) reducción de la tensión psicológica.

La técnica proyectiva supone la existencia de aspectos no conscientes de la personalidad ya que los materiales de la prueba y las instrucciones son preguntas indirectas, con sus respuestas también indirectas representadas por las reacciones del individuo, sobre aquellos aspectos de su estructura psicológica de los cuales no tiene conciencia y es incapaz de comunicar directamente.

---

[13] Ver PICHOT, *Los test mentales*. Paidós, 1960.

RAPAPORT explica que los tests proyectivos son aquellos en los cuales los individuos activa y espontáneamente estructuran un material no estructurado y revelan de ese modo los principios que guían su actividad estructurante. De manera que si se solicita a un individuo que indique lo que ve en una mancha de tinta, le proponemos una pantalla no estructurada y se le pide que "proyecte" imágenes. La naturaleza de las proyecciones y sus relaciones permitirán emitir un diagnóstico psicológico.

Para A. ANASTASI [14] las principales características distintivas de los tests proyectivos son:

— No son estructurados, es decir es una tarea que permite una variedad casi ilimitada de respuestas posibles.

— A fin de dar libre juego a la fantasía del individuo, sólo se dan breves instrucciones generales. Por esa razón los estímulos del test son generalmente vagos y ambiguos.

— La hipótesis reside en que el modo en que el individuo perciba e interprete el material o estructura la situación, reflejará aspectos fundamentales de su funcionamiento psicológico.

— Se espera que el material del tests proyectivo sea como una especie de pantalla sobre la que el individuo proyecte sus procesos de pensamiento, ansiedades y conflictos.

— En los tests proyectivos la atención se centra sobre el conjunto de la personalidad en lugar de hacerlo sobre la medida de rasgos específicos.

— Las técnicas proyectivas son consideradas eficaces en la revelación de los aspectos encubiertos latentes o inconscientes de la personalidad.

— Cuando más falto de estructuración esté el test, señala ANASTASI, más sensible es a tal material encubierto. Esto se deduce del supuesto de que cuanto menos estructurado o más ambiguo sean los estímulos, menos probable es que provoquen respuestas defensivas por parte del individuo.

---

14 Ver ANASTASI, *Los tests psicológicos.* Ed. Aguilar.

Para H. PICHOT[15] las características de las técnicas proyectivas están centradas en los siguientes aspectos:

— Su fin es revelar la personalidad total del examinado o ciertos aspectos de la personalidad.
— El estímulo que se emplea en las técnicas proyectivas puede dar lugar a una cantidad de respuestas tan grande como sea posible.
— Son test que tienden a explorar los aspectos no-cognitivos de la personalidad.
— Los estímulos están débilmente estructurados y es porque un estímulo débil es en general más favorable para obtener respuestas individuales.
— Los tests proyectivos utilizan en amplia medida conceptos psicoanalíticos.

CLASIFICACIÓN DE LOS TESTS PROYECTIVOS

Existen numerosas clasificaciones en relación a las técnicas proyectivas, aquí sólo mencionaremos las principales

EYSENK clasifica los tests proyectivos en:

1. *Tests de completamiento:* el individuo debe completar una cadena de asociaciones o una frase o una historia cuyo principio constituye un estímulo.
2. *Tests interpretativos:* el individuo debe interpretar dibujos o contar una historia.
3. *Tests de producción:* se solicita al individuo que dibuje, pinte o en una situación de juego que realice o produzca una construcción destinada a interpretarse.
4. *Tests de observación:* se coloca al individuo en una situación vagamente estructurada y se observa su comportamiento.

BELL[16] en sus estudios sobre las técnicas proyectivas las clasifica:

---

[15] Ver PICHOT, *Los tests mentales.* Ed. Paidós, 1960.
[16] BELL, J., *Técnicas proyectivas.* Ed. Paidós, 1974.

— Asociación de palabras y técnicas afines.
— Técnicas de estimulación visual.
— Movimiento expresivo.
— Juego, dramatización y técnicas afines.

Para Frank las técnicas proyectivas se clasifican en:

— *Técnicas constitutivas:* el individuo debe aplicar una estructura y una organización de un material no estructurado y plástico.
— *Técnicas constructivas:* partiendo de un material definido el individuo debe construir estructuras más amplias.
— *Técnicas interpretativas:* el individuo debe interpretar una experiencia o una constitución de significado efectivo.
— *Técnicas catárticas:* bajo el efecto del estímulo el individuo exterioriza una reacción emocional.

Tests de asociación de palabras. Esta es una técnica de completamiento de palabras o frases. Estos tests de asociación de palabras fueron conocidos originalmente como tests de asociación libre.

Estos tests consisten en la presentación de una serie de palabras inconexas pidiendo al individuo que responda a cada una de ellas con la primera palabra que le venga a la mente.

La aplicación clínica de los métodos de asociación de palabras tuvo bases más firmes con el movimiento psicoanalítico, especialmente Jung.

A la palabra inductora el individuo debe responder con respuestas, se analizan con referencia al tiempo de reacción y sobre todo al contenido, se anotan también las expresiones manifiestas de tensión emocional.

En el test, Jung utilizó una lista de 400 palabras inductoras. Los indicadores de perturbaciones o complejos estaban revelados por el alargamiento del tiempo, las respuestas por dos o varias palabras, la respuesta por una palabra en un idioma extranjero, etc.

Rapaport elaboró asimismo una técnica de asociación de palabras en la clínica Menniger. La selección de las 60 palabras de la lista está basada predominantemente en su significado psicoanalítico. RAPAPORT tenía dos objetivos en su test: ayudar al descubrimiento de los impedimentos en los procesos mentales y en segundo lugar, sugerir áreas de conflictos internos significativas.

Test de Kent-Rosanoff. Es un test de asociación libre que utiliza una puntuación y normas estadísticas. La palabra estímulo consiste en 100 palabras neutras, comunes, escogidas porque tiende a evocar las mismas asociaciones de los individuos. Por ejemplo:

mesa-silla
oscuro-claro

En la puntuación de este test de asociación de palabras se empleó el valor de la frecuencia mediana de las respuestas que da el individuo a las 100 palabras-estímulos. Todas las respuestas que no se encuentran en las tablas normativas reciben el nombre de individuales. El empleo del test varía con la edad, el nivel educativo, socio-económico, el ambiente cultural.

Tests de complemento de frases. Este test es derivado del test de asociación de palabras, consiste en presentar al individuo una frase incompleta que debe terminar. Generalmente sólo se dan las palabras iniciales o comienzos de frases:

Siento...
Lo que me molesta...
Mi mente...
Si pudiera hacer lo que quisiera...
Las mujeres...

Tests de frases incompletas de Rotter. Este test consta de 40 comienzos de frases. Las instrucciones que se le dan al individuo son: "complete estas frases para expresar sus verdaderos sentimientos, trate de responder a todas". Cada complementación se valora en relación a "adaptación" o "inadaptación".

Tests de complementamiento de historias. Tests de MADELEINE THOMAS. Incluye 14 historias del siguiente tipo: "un niño va a la escuela, en el recreo no juega con los demás niños, se queda solo en un rincón. ¿Por qué?

Las historias aluden a los sueños, los deseos, las fantasías y principalmente a los conflictos familiares. La interpretación de este test se sitúa esencialmente en un nivel simbólico. No obstante que es una técnica creada para ser aplicada a niños consideramos que pueden ser aplicadas a individuos con una problemática de retraso en el desarrollo o internos que presentan un marcado deterioro en la personalidad. Asimismo los tests proyectivos, de LUISA DUSS, de HELEN SARGENT y de LOWENFELD presentan características que pueden ser interesantes de observar cuando se intenta detectar una conflictiva delincuencial.

Tests de fábulas de Luisa Düss. Este test comprende 10 fábulas del tipo siguiente: "Un papá y una mamá pájaros duermen con su hijito en el nido sobre una rama. Pero he aquí que llega un gran viento, sacude el árbol y el nido cae al suelo. Los tres pájaros se despiertan bruscamente. El papá vuela rápido sobre un pino, la mamá sobre otro. ¿Qué hará el pajarito?"

Test de Helen Sargent. El test comprende 15 historias de "mientras se hallaba alejado de su familia, un joven adquirió opiniones religiosas y políticas en oposición abierta con las ideas de sus padres. Llega de visita a su casa y empieza a discutir de cuestiones religiosas y políticas".

¿Qué ha hecho él y por qué?
¿Cómo se siente?

La puntuación e interpretación del test está basada en categorías como sumisión-dependencia, las soluciones que manifiesta ante el conflicto de ataque, resistencia, retirada.

Test del mundo. LOWENFELD creó este test para niños. Se pone a disposición del niño una caja que contiene 150 objetos, juguetes de madera que representan casas, árboles, autos, personajes. Se le solicita al niño que los disponga como él desee. El psicólogo observa el comportamiento del niño y las sucesivas elecciones de las piezas que va a emplear, el lugar que les da y la construcción final.

La interpretación consiste más en el nivel simbólico que en el real. Es útil en la aplicación de jóvenes antisociales.

Tests de frustración de Rosenzweig. Este test proyectivo se basa en los mismos fundamentos que el T.A.T. Difiere en los siguientes aspectos: teóricamente se apoya en la teoría de frustración, es decir, estudia el comportamiento de la persona cada vez que se enfrenta a un obstáculo.

También difiere en la forma del test, el test de ROSENZWEIG presenta 24 dibujos representando en cada uno de ellos a dos personajes en una situación de frustración de tipo corriente.

En cada dibujo se representa al personaje de la izquierda pronunciando algunas palabras que describen, sea de la frustración del otro individuo o de su propia frustración.

Los rasgos y la mímica de los personajes no aparecen en los dibujos con el objeto de favorecer la identificación.

Por ejemplo, un dibujo representa a dos mujeres; a la derecha del dibujo una mesa y en el suelo un jarrón roto. A la izquierda, una de las mujeres dice: "Qué pena, acaba de romper el florero preferido de mi madre." El individuo debe responder qué diría o cómo respondería si estuviera en el lugar del otro personaje.

Es decir uno de los personajes de la historia se halla envuelto en una situación de ligera frustración en un incidente corriente. El estudio se basa en el supuesto de que el individuo se identifica con el personaje frustrado de cada lámina y proyecta sus propias tendencias de reacción en las respuestas.

Según la dirección de la agresión puede ser:

Extrapunitiva: el sujeto responde a la frustración por una agresión dirigida hacia el exterior. Por ejemplo: "por qué lo dejó ahí al jarrón o cuide más sus objetos".

Intropunitiva: en la cual el sujeto contesta acusándose a sí mismo. Por ejemplo: "El jarrón se rompió por mi torpeza y mi culpa."

Impunitiva: en la cual el individuo describe la situación frustrante como sin importancia.

Esta técnica proyectiva es muy valiosa para el estudio del tipo de frustraciones que vive el interno. Sabemos que el delincuente reincidente presenta en su historia personal frustraciones, carencias de afectos, de cuidados y carencias a sus necesidades externas, una vivienda, un hogar constituido, posibilidades de educación, etc.

Test de Rorschach. Es la técnica proyectiva más completa e indudablemente una de las más útiles en Criminología.

La técnica emplea manchas de tintas y fue creada por el psiquiatra suizo HERMAN RORSCHACH en 1921. Aunque antes de ese año los psicólogos habían utilizado series tipificadas de tintas en algunos estudios sobre la imaginación, RORSCHACH fue el primero en aplicar las manchas de tinta a la investigación del diagnóstico de la personalidad.

El test utiliza 10 láminas en cada una de las cuales hay impresa una mancha de tinta simétrica. Cinco de las láminas son en color gris y negro; dos contiene toques adicionales de rojo brillante y las tres últimas combinan varias tonalidades. Mostrando al individuo las láminas se le pide que debe decir lo que ve en cada lámina. Se toma el tiempo de reacción y un registro literal y minucioso de las respuestas a cada lámina.

Los determinantes del test incluyen: forma, color, sombreado, movimiento. Y el contenido: figuras humanas, detalles humanos de partes humanas, animales, objeto, naturaleza, objetos simbólicos.

Después de la presentación de las 10 láminas se pregunta al individuo sobre las partes de las manchas que produjo las asociaciones. Permite este test, un diagnóstico completo del individuo así como de sus motivaciones delictivas.

Test proyectivo de Karen Machover (la figura humana). Es una de las técnicas proyectivas más valiosas para aplicar en instituciones penitenciarias. Es la proyección de la personalidad a través de la figura humana. Se le pide al interno que dibuje una persona y posteriormente realice comentarios sobre esa figura (edad, acción del dibujo, quién es, preocupaciones, estados emocionales, etc.). La figura dibujada es una proyección de los propios impulsos, conflictos del interno.

La evaluación del test se realiza por el análisis y la interpretación de cada área del cuerpo que tiene un significado especial, por ejemplo, la cara, la expresión facial, los brazos y las manos, etc., así como la vestimenta, el tema, la acción o movimiento de la figura en perspectiva, el tipo de línea y marcas. Todos estos datos del dibujo permiten llegar a un diagnóstico psicopatológico.

KAREN MACHOVER [17] señala características del dibujo en: neuróticos, deprimidos, personalidades ansiosas, obsesivos-compulsivos, histéricos, inadaptados sociales, alcohólicos, deficientes mentales, personalidades seniles, orgánicos, dependientes, problemas sexuales. Así en relación a los psicópatas y a los agresivos define los siguientes rasgos en el dibujo: dientes destacados (agresividad oral) boca representada por una gruesa línea, ojos penetrantes, énfasis en los orificios de la nariz, manos sombreadas, dedos en forma de lanza, dedos de los pies destacados, figura en una actitud agresiva hacia el medio, etc.

Test de apercepción temática (T.A.T.). El T.A.T. está integrado por 31 láminas, 30 pictóricas y una blanca, de las 31 láminas sólo se administran 20 (11 son generales y se administran a todo examinado, 9 son específicas y se seleccionan según la edad, sexo y problemática del interno).[18] En las láminas puede distinguirse: un contenido textual (las figuras que integran la composición pictórica) lo aparente y manifiesto de la lámina y un contenido contextual, el significado o sentido que se atribuye comúnmente a la escena que se capta por comprensión.

Cada historia narra un episodio (contenido manifiesto) tras cuya trama subyace un tema o unidad dramática de necesidades y reacciones de los personajes ante las presiones (contenido esencial) que denuncian las tendencias, actitudes, senti-

---

[17] Ver KAREN MACHOVER, *Test proyectivo.* Ed. Biblioteca Nueva Madrid, 1973.

[18] Ver HENRY MURRAY, *Test de apercepción temática.* Ed. Paidós, Buenos Aires, 1973.

mientos y adaptación del sujeto. El proceso de elaboración de las historias con propósitos clínicos consiste en el avance analítico e interpretativo que parte del contenido manifiesto (expresión de la apercepción temática) y penetra los factores de la personalidad del sujeto (dinamismos subyacentes).

Según MURRAY[19] el sistema conceptual o categorías para guiar el análisis material y formal de la historia, del relato y de la situación comprende:

1. Tema principal. Trama dinámica, interacción de las necesidades, presiones, desenlace de la historia.
2. El héroe principal, características.
3. Conducta del héroe. Actividades iniciadas por el héroe de la historia con respecto a objetos y situaciones; con respecto a otras personas, reacciones del héroe a las actividades iniciadas por otros.
4. Estados emocionales del héroe.
5. El ambiente de las historias.
6. Desenlaces, conclusión de las historias.
7. Simbolismos. Significados.

La selección de las láminas que se aplica al interno deben estar cuidadosamente realizadas. Así como las preguntas al finalizar cada historia. Las 11 láminas generales (o universales) son básicas para el estudio de diagnóstico, más otras 9 que se eligen teniendo en consideración las características del interno y el tipo de conducta delictiva. Muchas de las láminas tienen como objetivo la proyección de necesidades, agresiones, conflictos de adaptación al medio y a la familia, estados de frustración, depresión, suicidio, sentimientos de culpa, de fracaso de pérdida y de abandono, de ansiedades paranoides; todas conductas muy relacionadas a comportamientos antisociales.

En la institución penitenciaria las láminas más utilizadas son:

L. 1. *El niño y el violín.* Temas relacionados a expectativas, ambiciones, frustraciones del héroe.

---

19 Ver MURRAY, *ob. cit.*

L. 2. *El estudiante en el campo.* Muestran las reacciones del héroe ante un ambiente poco cordial o que no lo estimula o ante los conflictos familiares.

L. 3. *Reclinado en el diván (V. H.).* Historias que expresan depresión, rechazo o suicidio. Situaciones de frustración.

L. 3. *La joven en la puerta (N. M.).* La temática da lugar a la expresión de sentimientos de desesperación y de culpa.

L. 4. *Mujer que retiene al hombre.* Temática de abandono, infelicidad, competencia.

L. 5. *Mujer de edad en la puerta.* La temática detecta ansiedades paranoides.

L. 6. *El hijo que se va (V. H.).* Actitud de dependencia, abandono y culpa frente a la figura materna.

L. 6. *Mujer sorprendida (N. M.).* Expectativas, temores, presión sospecha.

L. 7. *Padre e hijo (V. H.).* Actitud frente a la figura paterna.

L. 7. *Niña y muñeca (N. M.).* Imagen de la madre.

L. 8. *La intervención quirúrgica.* Temática sobre la agresividad y el medio.

L. 9. *Grupo de vagabundos.* Temática del trabajo y del ocio (grupos delincuenciales).

L. 11. *Paisaje primitivo de piedras.* Ansiedad frente al peligro.

L. 12. *El hipnotizador.* Relación autor-víctima del delito.

L. 13. *Mujer en la cama.* Traducen las actitudes ante la conducta sexual y la actitud frente al alcoholismo.

L. 13. *Niño sentado en el umbral (V.).* Temática sobre las carencias, soledad, abandono. Es una lámina muy significativa en delincuentes reincidentes.

L. 14. *Hombre en la ventana.* Fantasías y expectativas en relación a la situación carcelaria.

L. 15. *En el cementerio.* Temática de culpa y de castigo.

L. 16. *Lámina en blanco.* Relación transferencial.

L. 17. *El puente (N. M.).* Frustración y estados depresivos.

L. 18. *Atacado de atrás (V. H.).* Historias relativas a robos que expresan actitudes frente al robo y al alcoholismo.

L. 18. *Mujer que estrangula (N. M.).* Temática de agresividad.

L. 20. *Solo bajo el farol.* Preocupaciones de abandono, culpa.

RAPAPORT,[20] GILL, SHAFFER, BALKEN, HARRISON, MASSERMAN, realizaron una guía de diagnóstico psiquiátrico basada en el T.A.T. en las que incluyen: neurosis, ansiedad, histeria de conversión, labilidad afectiva, depresión, obsesión-compulsión, paranoia, proceso esquizofrénico, deficientes mentales. Por ejemplo, en agresión fuertemente reprimida expresan: manifestaciones en medio de un repertorio de historias, súbitos cambios agresivos, no muy elaborados ni justificados. Indice psicótico o pre-psicótico: historias de agresión detallada, intensa, peculiar, sangrienta, elaborada o sádica en las que se asesina a un miembro de la familia.[21]

Otras técnicas proyectivas. Basados en el T.A.T. THOMSON y BLACHRACH prepararon una serie especial para niños físicamente disminuidos. Entre las adaptaciones a menores de edad los tests más utilizados han sido: *P.S.T. de Symonds* que elaborá una nueva colección de 20 láminas para ser aplicada en adolescentes de ambos sexos. *(P. S. T. Picture Story Test).* También el *C.A.T.* (Children's Apperception Test) elaborado por BELLAK e integrado por 10 láminas donde los personajes de sus figuras son animales representados en situaciones antropomórficas, adecuadas para la explotación de las situaciones vitales más comunes en la vida de los niños pequeños.

Otros tests similares a los anteriores son: el test proyectivo de *Travis-Johnston,* el test de actitudes familiares de *Lydia*

---

20 Ver D. RAPAPORT, *Tests de diagnóstico psicológico.* Ed. Paidós, Buenos Aires, 1971. Asimismo ver BELL, *Técnicas proyectivas.* Ed. Paidós, Buenos Aires, 1971.

21 Criminales psicopáticos: las fantasías más frecuentes indican: ansiedades de separación, conflictos en las relaciones de familia, ambiciones, sentimiento de culpa y deseo inconsciente de castigo. Ver. BELL, *Técnicas proyectivas, ob. cit.*

Jackson; el test de adaptación social, *The Michigan Picture Test;* test proyectivo de relaciones intrafamiliares (Las aventuras de Patte Noire) y el test de *Pickford Proyective Picture,* también sobre relaciones intrafamiliares.[22]

En adultos, el *test proyectivo de Szondi,* basado en 49 fotografías de diferentes rostros distribuidas en 6 series. Cada serie incluye las siguientes fotografías de un homosexual, un homicida sádico, un epiléptico, un histérico, un catatónico, un paranoico, un depresivo y un maniático. Se pidc al sujeto que elija las fotos que más le gusten y menos le gusten en cada serie. RAPAPORT resume el significado de las elecciones en las tres direcciones, siguiendo a SZONDI: las elecciones de cada categoría son un índice de las tendencias latentes en el sujeto; la elección de tipo desagrado representa las tendencias que ha sido aceptadas por el super-yo y son aprovechables en la manifestación; y por último, elevado número de elecciones indican que las respectivas tendencias están próximas a ser manifestadas. SZONDI comprobó que las elecciones y sus interrelaciones están en alta correlación con las conductas delictivas y con la predisposición a la agresión.

Aunque el test de SZONDI no está actualizado ha sido aplicado en alcohólicos y en delincuentes.[23]

El *psicodiagnóstico Miokinético de Emilio Mira* cuyo objetivo es el estudio de los movimientos a través del dibujo de líneas. El autor realizó una clasificación psicopatológica basada en la diferencia en la energía psicomotora (por ejemplo, existe una diferente marcada entre el paciente exaltado y el deprimido) entre estas categorías MIRA señala a las personalidad obsesiva, deprimidos, esquizofrénicos y las personalidades psicopáticas.[24]

Existen múltiples tests proyectivos y la lista es amplísima: *tests del árbol de Kark Koch;* el test de *la pareja de Bernstein,* el test de signos a completar de *Wartegg;* los tests desiderativos,

---

22 Ver MURRAY, *ob. cit.*

23 Ver BELL, *ob. cit.*

24 Ver MIRA Y LÓPEZ, *Psicodiagnóstico Miokinético.* Ed. Paidós, Buenos Aires, 1962.

en relación a las fantasías; el test de apercepción tridimensional de *Twitchell-Allen;* el test de montaje de escenas (MAPS) de *Shneidman.*[25]

En resumen podemos señalar que los tests proyectivos constituyen una de las técnicas más valiosas para el diagnóstico a nivel criminológico, especialmente porque permite comprender las motivaciones del individuo, los aspectos emocionales pero también porque en sí la técnica está no estructurada, y posibilita la percepción de cada problemática individual.

Inventarios de personalidad

Inventarios. Los inventarios son tests compuestos por un número de preguntas más o menos presentadas al sujeto por escrito y referentes a sus opiniones, gustos, su comportamiento, sus intereses, sentimientos, etc.

Habitualmente se pide al sujeto que conteste *sí* o *no;* en ciertos casos él puede indicar que no se puede precisar y se deja en blanco. Otras veces la respuesta es por elección múltiple debiendo el sujeto elegir entre varias respuestas que se le proporcionan.

Entre los psicólogos que iniciaron la elaboración de estos tests de personalidad, especialmente inventarios de personalidad debe mencionarse a Alfred Binet. También Woodworth que elaboró una hoja de datos personales que fue utilizada en la segunda década de este siglo. Consistía en un intento de tipificar una entrevista psiquiátrica y adaptar el procedimiento al examen de grupos; esto se aplicó en el ejército. Las preguntas del inventario estaban referidas a: desviaciones de conductas, fobias, miedos, obsesiones, fatiga, síntomas psicosomáticos, sentimientos de irrealidad, etc.

Entre los inventarios de personalidad podemos mencionar:

Inventario de personalidad de Mooney. Es un inventario de personalidad para individuos que tengan una escolaridad de escuela secundaria y universitaria. Las áreas comprendidas va-

[25] Ver Bell, *ob. cit.*

rían de un nivel escolar a otro, e incluyen (las más interesantes y útiles en criminología):

— adaptación al trabajo
— condiciones de vida y empleo
— familia
— moral y religión.

Se intenta conocer a través de estas áreas el grado de dificultad y problemas del individuo.

Test de ascendencia-sumisión de Allport. Este inventario de personalidad se describe como una medida de los aspectos de ascendencia —sumisión y trata de valorar la tendencia del individuo a dominar a sus compañeros o ser dominados por ellos.

Cada elemento comienza con una breve descripción de una situación que puede presentarse en una reunión, en la escuela, en el omnibús, en un ambiente familiar.

Se presentan dos o cuatro modos alternativos de enfrentarse con la situación y se pide al sujeto que indique la alternativa que presenta con más aproximación su reacción diaria.

Inventario de Bernreuter. Este inventario de personalidad mide las dimensiones o áreas en relación a:

tendencias neuróticas
introducción-extraversión
dominio-sumisión.

Inventario multifásico de personalidad de Minnesota-MMPI. El MMPI es uno de los inventarios de personalidad más utilizado. El inventario consta de 550 items afirmativos a los que el individuo responde:

Verdadero
Falso
No sé.

Tanto la forma individual como la de grupo están preparadas para individuos que tengan más de 16 años de edad.

Los items del MMPI son de una gran amplitud de contenido y comprenden áreas tales como actitudes sexuales, religiosas, políticas y sociales; preguntas sobre educación, trabajo, familia; manifestaciones neuróticas, psicóticas, estados compulsivos y obsesivos, ilusiones, alucinaciones, tendencias sádicas y masoquistas.

Originalmente el MMPI comprendía 10 escalas: hipocondria, depresión, histeria, desviación psicopática, masculinidad-femineidad, paranoia, psicastenia, esquizofrenia, hipomanía, introversión social. Posteriormente se agregaron nuevas escalas, quedando actualmente en las siguientes:

Puntaje mentira. Es una escala de validación que permite una medición del grado en que el sujeto pueda intentar falsificar sus puntajes, seleccionando siempre las respuestas que le parezcan más favorables socialmente. El puntaje obtenido no invalida necesariamente los otros puntajes pero sí indica un rasgo de personalidad especial. Desde una perspectiva criminológica podríamos decir que en los estafadores, personalidad propensa a engañar y mentir, esta escala es muy significativa, asimismo en personalidad psicopáticas.

Puntaje validez. Esta escala comprende la validez de todo el test. Por ejemplo, si el puntaje en esta escala es alto las otras escalas se invalidan porque indica que el individuo se descuidó o era incapaz de entender las frases o items del test.

Puntaje K. Así denominada porque a través de esta escala se puede discriminar los items clínicos del inventario.

Escala de hipocondria. Son items referidos a las funciones corporales. Como sabemos la sintomatología del hipocondríaco está caracterizada porque frecuentemente se quejan de dolores y malestar que son difíciles de identificar y para los que no se encuentran ninguna base orgánica esclarecida. En las instituciones penitenciarias generalmente se inician estos síntomas hipocondríacos.

Escala de depresión. Esta escala es muy importante a nivel criminológico porque indica la profundidad del síntoma de depresión. Especialmente para poder detectar los internos-delincuentes que presenten una tendencia a la depresión. La escala indica empobrecimiento de la personalidad con ciertos sentimientos de inutilidad e incapacidad en relación con el futuro.

Escala de histeria. Está relacionada esta escala a los síntomas histéricos, a quejas, parálisis, ataques, desmayos. Es también una escala de gran valor a nivel de una clínica criminológica y para el diagnóstico.

Escala de desviación psicopática. La escala trata de medir la ausencia de respuesta emocional, la incapacidad de beneficiarse con la experiencia y su despreocupación por las normas morales de la comunidad.

En las instituciones penitenciarias se encuentran muchas personas con características psicopáticas, de hecho una gran parte de la delincuencia está asociada con una personalidad psicopática insensible y con graves problemas a nivel de los procesos de identificación y de los sentimientos de culpabilidad, por todo ello consideramos que esta escala es de gran valor para el diagnóstico criminológico.

Escala de intereses. Esta escala indica los patrones de intereses especialmente masculinos o femeninos. Es una escala útil para el diagnóstico de delincuentes con una problemática delictiva a nivel sexual.

Escala paranoica. Se trata de conocer y medir las tendencias de sentimientos de persecución, sospecha, hipersensibilidad. Es una escala importante en los individuos que han cometido delitos por celos y con procesos psicóticos confusionales paranoicos.

Escala de psicastenia. Esta escala mide las tendencias fóbicas, conductas compulsivas, temores que presenta el individuo.

Escala de esquizofrenia. Se intenta detectar a través de esta escala las personas con una conflictiva confusional, desorganizado psíquicamente, con un mundo interno dividido.

Escala de hipomanía. Mide el factor de personalidad característico de personas con una marcada productividad en pensamiento y en acción. El paciente trata de realizar múltiples actividades simultáneamente.

Escala social. Es una escala importante para el diagnóstico criminológico ya que trata de medir la tendencia a aislarse del contacto social o de comunicación que tiene el individuo.

El manual del tests MMPI y las publicaciones sobre el test señalan que en la interpretación del test se debe tener sumo cuidado en que no debe haber interpretación literal en las escalas clínicas, sino que la interpretación debe ser integral. Por ejemplo, no se puede suponer que una puntuación alta en la escala de esquizofrenia es indicativa de una psicosis esquizofrénica, sino que deben observarse las puntuaciones en general.

Inventario de Cattell. Este inventario comprende 16 factores o rasgos de personalidad, entre los que están comprendidos si el individuo es:

humilde-dominante
tímido-aventurero
confiado-suspicaz
reservado-expresivo.

Inventario de preferencias personales de Edwards. El inventario consta de 120 pares de enunciados. En cada par el individuo debe elegir un enunciado como el más característico de sí mismo. Por ejemplo:

a) Me gusta hablar de mí mismo a los demás.
b) Me gusta trabajar por alguna meta que me he propuesto.

a) Me siento deprimido cuando fracaso en algo.
b) Me siento nervioso cuando tengo que hablar en público.

Este inventario proporciona un índice de consistencia de reacción ya que se repiten 15 items en forma idéntica.

Inventario indicador de tipos de Myers-Briggs. Este inventario de personalidad está basado en los tipos psicológicos de JUNG y también en que los individuos difieren sistemáticamente en sus preferencias con respecto a la percepción y el juicio. Estudia:

— *Extraversión o introversión:* si el individuo dirige la percepción y el juicio hacia el mundo exterior de la gente y de las cosas o hacia el mundo interno de conceptos e ideas.
— *Sensación o intuición:* si percibe directamente en forma realista o indirectamente por medio de ideas asociadas o deducciones imaginativas.
— *Pensamiento o sentimiento:* si juzga por medio de un análisis lógico o por medio de una apreciación de los valores personales.
— *Juicio o percepción:* si trata con el mundo exterior en una forma valorativa o con una actitud de comprensión.

Inventario de personalidad de California. El inventario de personalidad de California fue desarrollado por HARRISON GOUGH en los años 1940 y 1950 en las universidades de California y Minessota. Es un inventario multidimensional semejante en presentación y conceptos generales al Inventario Multifacético de Minessota, del cual por otra parte se han tomado 200 items. Sin embargo a diferencia de aquél, el I.P.C. fue construido principalmente para medir aspectos o rasgos positivos de la personalidad, que están representadas por 18 escalas.[26] Las variables elegidas para las escalas son conocidas

[26] Ver PERLA DUCACH, ANGELINA SERRONE y MANUELA C. DE OVIEDO, "Estudio comparativo de la personalidad de un grupo de jóvenes

como "conceptos falk" dimensiones de la personalidad que están originalmente enraizadas en la vida social y, por lo tanto pueden ser encontradas en todas las sociedades y culturas. De este modo cada una de las escalas cubre un importante factor de la psicología interpersonal y el conjunto total de las 18 prevé una visión comprensiva del individuo desde el punto de vista de la interacción social.[27]

Las escalas están agrupadas en cuatro grandes categorías tratando de enfatizar algunas de las relaciones psicológicas y psicométricas que existen entre ellas. Estas categorías son:

Clase I. Medidas de equilibrio, ascendencia y autoseguridad. Comprenden las siguientes escalas:

dominancia
capacidad para status
sociabilidad
presencia social
autoaceptación
sentido de bienestar

Clase II. Medidas de socialización, madurez y responsabilidad. Comprenden las siguientes escalas:

responsabilidad
madurez social
autocontrol
tolerancia
buena impresión
comunidad

Clase III. Medidas de logros potenciales y eficiencia intelectual. Comprenden las escalas:

logro vía conformidad
logro vía independencia
eficiencia intelectual

---

delincuentes en relación a otros sectores de la población de Córdoba". *Rev. Criminología,* Argentina, 1968.

[27] Ver DUCACH, SERRONE, OVIEDO, *ob. cit.*

Clase IV. Medidas de orientación personal y actitud hacia la vida. Comprenden las siguientes escalas:

comprensión psicológica
flexibilidad
femineidad

En el uso operacional de un inventario de personalidad como el I.P.C. el psicólogo está interesado en el cuadro total de la persona que en el resultado obtenido en una simple escala.

En lo que respecta a las medidas de equilibrio, ascendencia y autoseguridad, apuntan a la comprensión del individuo desde el ángulo de la interacción social o sea el estudio de la conducta humana en relación directa a los contactos interpersonales y a los roles que el individuo debe ejercer en una cultura y sociedad determinada. Así dominancia permite detectar la habilidad en el liderazgo ligada a la iniciativa social; capacidad para status tiende al logro de una posición; sociabilidad y presencia social fueron contruidas para medir el grado de sociabilidad y del temperamento participantes, como así también la espontaneidad y autoconfianza en la interacción social; autoaceptación investiga el sentido del mérito personal, la autoaceptación y la capacidad para el pensamiento y la acción independiente; por último, sentido de bienestar identifica aquellas personas que están relativamente libres de dudas y preocupaciones.[28]

En lo que respecta a la habilidad para el liderazgo, DUCACH, SERRONE y OVIEDO, señalan que en los jóvenes delincuentes que se caracterizan precisamente como grupo dominante y con iniciativa social, sin embargo la medida obtenida no es notoriamente inferior al término medio. Este hecho permite suponer que estos individuos (delincuentes) en situaciones donde deban asumir posiciones de liderazgos pueden desempeñarse con cierta eficacia.[29]

---

[28] Ver DUCACH, SERRONE, y OVIEDO, *ob. cit.*
[29] *Idem.*

En cuanto a sociabilidad estos individuos no se presentan como individuos sociables, con espontaneidad y autoconfianza en la comunicación con los demás. Indudablemente estos jóvenes delincuentes refieren DUCACH, SERRONE y OVIEDO, no han alcanzado aún el grado de madurez tal que les permita superar el egocentrismo e interesarse por problemas humanos más generales, resultando de esto la aparición de conflictos en relación a la convivencia con los demás.

En la escala de autoaceptación los jóvenes obtuvieron puntajes que alcanzaban el término medio, lo cual estaba indicando que los jóvenes se autoaceptan, no obstante los problemas que tienen en la convivencia; probablemente esto se deba a un sentimiento de pertenencia a un grupo delictivo. Asimismo en sentido de bienestar se observaron claras discrepancias con otros grupos "normales".

En lo que se refiere a la Clase II de medidas del P.P.C. comprende cómo se maneja el individuo frente a sus semejantes, cómo controla sus impulsos (autocontrol), hasta qué punto ha aceptado los roles que la sociedad le impone (madurez social), en qué medida está compenetrado con actitudes prejuiciosas (tolerancia), cómo asimiló el modo de pensar y actuar en la comunidad (comunalidad), si es cumplidor con sus obligaciones (responsabilidad) y de qué manera se interesa y tiene capacidad para agradar a los demás (buena impresión). Los individuos sentenciados logran puntajes bajos en todas estas escalas.[30]

En responsabilidad, escala que está íntimamente ligada con la capacidad de prever las consecuencias de los propios actos, resulta explicable que hayan sido precisamente los jóvenes delincuentes los que obtuvieron la medida más baja, mientras los estudiantes universitarios acusan los valores más altos. De este modo los puntajes obtenidos en esta escala por delincuentes pone de relieve su falta de control y adaptabilidad social. También obtuvieron puntajes bajos en la escala de autocontrol.

[30] Ver DUCACH, SERRONE, OVIEDO, *ob. cit.*

Madurez social es una de las escalas más significativas entre delincuentes y otros grupos de la sociedad, ya que fue creada con el expreso propósito de medir el comportamiento antisocial.

Interesante es destacar la diferencia existente entre las medias obtenidas por los delincuentes en las escalas de tolerancia, comprensión psicológica y flexibilidad, con puntaje por debajo de la media. Esto indica que a pesar de que adolecen de cierta capacidad para interesarse por los demás por una parte y un tipo de pensamiento no totalmente rígido y estereotipado por la otra, se muestran prejuiciosos y disconformes hacia las costumbres y opiniones de los otros y sobre todo teniendo en cuenta su condición de recluidos, denotan una actitud pesimista y desconfiada acerca de su porvenir personal y social.[31]

En la escala de comunalidad también aquí los puntajes están por debajo de la media.

Las escalas de la Clase III de medidas nos permiten detectar aquellos aspectos positivos de la personalidad que favorecen el éxito en los distintos niveles académicos. Las escalas de la Clase IV por otra parte investigan aquellos rasgos que determinan los intereses y modos de pensamiento de un individuo. El conjunto de las seis escalas permiten detectar la masculinidad o femineidad de los intereses, el grado de plasticidad del yo y la facilidad para adaptarse a situaciones nuevas (flexibilidad) la forma en que el individuo se aproxima a los demás y es capaz de interesarse por los sentimientos y creencias de sus semejantes (comprensión psicológica), el rendimiento intelectual de un sujeto (eficiencia intelectual) y los rasgos de personalidad que hacen que un individuo pueda realizar una tarea eficazmente de trabajo (logro vía conformidad) y por el contrario en tareas que impliquen originalidad, innovación y creatividad (logro vía independencia). El grupo de delincuentes denota una cierta incapacidad para utilizar eficientemente su potencial intelectual. La causa de esta incapacidad puede atender a muchos factores pero los más significativos son la falta de autodisciplina y sobre todo el deterioro que implica

[31] Ver Ducach, Serrone y Oviedo, *ob. cit.*

desde el punto de vista intelectual el aislamiento con respecto al medio social y la falta de trabajo. Otro rasgo característico es la rebeldía francamente manifiesta hacia todo lo que implique conformidad hacia las normas y regulaciones de la sociedad, como así también la falta de autocontrol y capacidad para una aplicación diligente y sostenida, debido a factores de ansiedad, inhibición y falta de autocomprensión.

En lo que respecta a las medidas de orientación personal y actitud hacia la vida, observamos que los delincuentes se mantienen en estas tres escalas en el término medio a pesar de que muestran diferencias con respecto a los puntajes de los otros grupos.

Inventario de depresión de Beck. Estudia 13 escalas: tristeza, pesimismo, sensación de fracaso, insatisfacción, culpabilidad, autoaversión, autodestrucción, retraimiento social, indecisión, cambios en la autoimagen, dificultad en el trabajo, fatiga, anorexia. Es una forma abreviada y la estimación del grado de depresión comprende desde no-deprimidos a depresión ligera, depresión moderada y depresión severa.[32]

Este inventario puede tomarse durante la entrevista, especialmente a los internos a los cuales se ha detectado una problemática de depresión.

Otros inventarios. Entre los más utilizados se encuentra el *Inventario de Guilford-Zimmerman* que comprende: actividad general, refrenamiento, ascendencia, sociabilidad, estabilidad emocional, objetividad, amabilidad, actitud pensativa, relaciones personales, masculinidad.

Los elementos del Inventario de GUILFORD ZIMMERMAN se expresan en la forma de enunciados afirmativos y la mayoría se refiere al examinado directamente.[33]

En relación a la víctima y sus características, se han elaborado una serie de estudios tipo inventarios que permite una comprensión de la relación autor-víctima.[34]

---

[32] Ver BECK, "Detección de pacientes deprimidos en la práctica familiar". *Rev. Medicina de Postgrado,* junio, 1973.

[33] Ver ANASTASI, *Tests psicológicos.* Ed. Aguilar, Madrid, 19...

[34] Ver *A community response to rape,* National Institute of Law

La escala evaluativa de la *ansiedad,* basada en la *escala de Hamilton* permite detectar desde una acentuada ansiedad (incapacitado para trabajar), hasta ausencia de un estado de ansiedad. Estudia: ansiedad, tensión, temores (definidos) dificultad a nivel intelectual, depresión, síntomas somáticos, síntomas cardiovasculares (taquicardia, sensación de desmayo) síntomas respiratorios, síntomas gastrointestinales, genitourinarios, autónomos (transpiración, vértigo) comportamiento durante el estudio. Aunque es una escala que se ha aplicado en la práctica médica, es útil en instituciones penitenciarias y puede ser utilizada por los criminólogos.

Los inventarios de personalidad permiten conocer los rasgos más importantes del interno, es decir que la sintomatología principal es detectada, así como sus aspectos y conflictos. Pero debe tenerse en consideración que una de las críticas más frecuentes hechas a los inventarios es que están especialmente sujetos al fingimiento ya que la mayoría de los items tienen una respuesta que resulta visiblemente más deseable o aceptable socialmente. Por ello la creación de escalas específicas referente a la validez que detecta la mentira y el engaño. Asimismo la aplicación del inventario de personalidad requiere un cierto nivel de escolaridad media que contrasta con la escolaridad generalmente que presenta la población penitenciaria.

Los tests objetivos de personalidad. PICHOT [35] incluye las pruebas de ejecución cuyos resultados permiten sacar conclusiones acerca de la naturaleza de los factores no intelectuales de la personalidad del individuo.

Entre estos tests se mencionan, los tests objetivos de sentido ético, para observar las cualidades morales y la propensión al hurto y la mentira basados en los trabajos de VOELKER. También la escala de sentido ético de HARTSHORNE y MAY que incluye pruebas de honestidad y cooperación.

Enforcement and criminal justice, 1977. Y también ver *Criminal victimization surveys,* U. S. Department of Justice, U.S.A., 1977.

[35] Ver PICHOT, *ob. cit.*

La técnica del doble tests es típica de las pruebas de honestidad. Se somete, refiere PICHOT,[36] al sujeto a dos tests estrictamente equivalentes. Se hace corregir uno de los tests por el sujeto mismo y sin viligar.

En los tests objetivos de personalidad se encuentran el test del dibujo en espejo; el test de PRESSEY el test de PORTEUS para problemas antisociales; el tests de doble tachado de ZAZZO que permite apreciar la minuciosidad y la actitud de engaño.

Tests de inteligencia. Para conocer el nivel intelectual de un individuo se han creado múltiples pruebas, aquí nos vamos a referir a: tests de desarrollo intelectual general, tests de aptitudes diferenciales y tests educativos.

Los tests de desarrollo intelectual fueron creados para medir la inteligencia, la clásica son las *escalas de Stanford-Binet* que consistía en test sub-tests dispuestos por orden de dificultad creciente; la amplitud de edad se extendía desde los 3 años hasta nivel adulto. La última revisión de este test data de 1960 y se extiende desde los dos años de edad hasta adulto. La aplicación de este tests es individual y exige un examinador de gran experiencia ya que los sub-tests deben valorarse a medida que se aplican.

Test de Wechsler, creado en 1939 y que ha tenido su última revisión en 1955. Es un test individual de inteligencia para adultos. En vez de estar organizados por niveles de edad como el Stanford-Binet, en este test están agrupados los elementos en sub-tests y dispuestos en orden de dificultad dentro de cada sub-test. Comprende 11 sub-tests; seis de ellos se agrupan en una escala verbal (información, comprensión, aritmética, semejanzas, memoria inmediata de dígitos, vocabulario) y cinco en una escala de ejecución (símbolos y dígitos, completación de figuras, dibujos de cubos, ordenación de imágenes, ensamblaje de objetos).

Además de su uso como medida de la inteligencia general, las escalas de WECHSLER se han investigado como posible ayuda en el diagnóstico psiquiátrico. WECHSLER y otros psicólogos clí-

---

[36] Ver PICHOT, *ob. cit.*

nicos, que partieron de la observación de que la lesión cerebral, el deterioro psicótico y las dificultades emocionales podían afectar a algunas funciones intelectuales más que a otras, argumentaban que un análisis de la actuación relativa del individuo en los sub-tests revelaría trastornos psiquiátricos específicos.

Test de matrices progresivas de Raven. Este test que RAVEN desarrolló en Gran Bretaña estaba destinado a medir el factor *g* de SPEARMAN; es un test que requiere principalmente la deducción de relaciones entre elementos abstractos. Consta de 60 matrices o dibujos, de cada uno de los cuales se ha quitado una parte, el sujeto elige la parte que falta entre 6 u 8 que se le presentan. Los elementos se agrupan en 5 series, cada una de las cuales contiene 12 matrices de dificultad creciente. Las primeras series requieren precisión en la discriminación; las segundas, más difíciles comprenden analogías, permutación y alteración del modelo y otras relaciones lógicas. El test se aplica sin límite de tiempo, individualmente o en grupo.

Aunque la mayoría de los tests de inteligencia no están estandarizados para nuestro medio y el psicólogo debe tener en consideración esta situación, queremos mencionar tests que pueden ser utilizados en instituciones penitenciarias. A los ya señalados; cabe agregar: *Test Otis-Lennon* en la edición de 1963; *Test de California de madurez mental,* revisión 1963; *Test de Henmon-Nelson* de aptitud mental, *Tests de Lorge-Thorndike;* (edición de 1964). Este incluye 5 tests, sub-tests verbales (vocabulario, completación de frases, clasificación verbal, razonamiento aritmético y analogías verbales). Los sub-tests no verbales incluyen clasificación de figuras, series de números y analogías de figuras.

El test capacidad de comprensión, basado en el *AGCT* contiene cantidades iguales de elementos de vocabulario, de razonamiento aritmético y de cómputo de bloques. Los distintos tipos de elementos están dispuestos en forma de omnibús en espiral en orden de dificultad creciente. Esta disposición permite la aplicación de todo el test con un solo límite de tiempo (12 minutos).[37] Se dan las puntuaciones en percentiles.

El test verbal rápido (Quick Word Test) consta de 100 elementos de vocabulario de elección múltiple en cada una de sus formas equivalentes; no tiene tiempo límite pero la mayoría de los individuos lo realizan en 15 minutos.

En los tests de ejecución, sin lenguaje, cabe señalar el *Test de los cubos de Knox* es un test de memoria inmediata para series de movimientos; el *Test de laberintos de Porteus* (revisión 1959) que consiste en una serie de laberintos de líneas, graduados según su dificultad. La escala puntual de *Arthur* (revisión en 1947) que consta de 5 sub-tests de ejecución.

Algunos test han sido elaborados para detectar el deterioro intelectual, con un enfoque clínico.

Entre las principales funciones consideradas como más sensibles a los procesos patológicos están la memoria, la percepción espacial y la abstracción y la formación de conceptos. Entre estos tests que detectan deterioro mental se encuentran: el *Test de Benton* de retención visual. Este test utiliza 10 tarjetas, cada una de ellas con una o varias figuras geométricas; en la aplicación se presenta cada tarjeta durante 10 segundos y se le dice al sujeto inmediatamente después de retirarla, que dibuje lo que había en la tarjeta. El test requiere, percepción espacial, memoria inmediata y reproducción visomotora de las figuras.

El test guestáltico visomotor de Bender consiste en nueve figuras que son presentadas una por vez para ser copiadas por el sujeto en una hoja blanca; es la aplicación de la psicología de la Geltalt al estudio de la personalidad y la clínica. Es uno de los test más utilizados y más útiles dentro de la clínica-criminológica.

Test de Goldstein-Scheerer de pensamiento abstracto y concreto para pacientes con lesiones cerebrales. El test consta de 5 sub-tests (cubos, sub-tests de distribución de color-forma, sub-

---

[37] Ver MARCHIORI, "Test de inteligencia adaptado al medio carcelario". *Rev. Criminología,* Argentina, 1968.

test de bastones, de clasificación de colores y sub-test de clasificación de objetos).

Test de Hafmann y Kasanin, es un test de formación de conceptos; el material del test consiste en 22 bloques de cinco colores diferentes; 6 formas diferentes, dos alturas y dos anchos diferentes. El sujeto debe descubrir el modo en que estas 22 piezas o bloques pueden dividirse en cuatro grupos homogéneos.

El test de Wisconsin, consiste en clasificar tarjetas en cuatro formas y en 4 colores, el sujeto debe clasificar 64 tarjetas. Es un test de diagnóstico para individuos con lesión cerebral, esquizofrénicos y retardo mental.

En los test de inteligencia denominados tests de aptitudes múltiples se puede mencionar: los *test de aptitudes primarias* (PMA) se obtienen puntuaciones separadas en cinco factores: significado verbal, facilidad numérica, razonamiento, rapidez perceptiva, y relaciones espaciales. Las puntuaciones se dan en perceptiles.

El test de aptitudes diferenciales (DAT) revisión de 1963, que mide: razonamiento verbal, aptitud numérica, razonamiento abstracto, relaciones espaciales, razonamiento mecánico, rapidez y precisión, y uso del lenguaje.

Entre los tests educativos se encuentran: *tests de secuencias del progreso educativo* que comprende 6 sub-tests de elección múltiple: comprensión lectora, escritura, matemática, ciencias, estudios sociales y comprensión de lo escuchado.

Test de educación básica para adultos sin escolaridad, es uno de los test más aplicados en instituciones penitenciarias. Consta de 4 sub-tests: vocabulario, lectura, ortografía y aritmética.

Test de rendimiento en áreas especiales, test de lectura que van desde los tests colectivos hasta los programas clínicos en relación a casos individuales. Por ejemplo, el test de diagnóstico de la lectura de STANFORD incluye comprensión de la lectura, vocabulario, reconocimiento de las palabras, combinación de sonidos, discriminación de sonidos.

Los tests de rendimiento adquieren mayor importancia con la utilización en las instituciones penitenciarias de la enseñanza programada.

Tests de intereses y actitudes. La fuerza y dirección de los intereses, actitudes y motivos representan un importante aspecto de la personalidad de un individuo. Estas características afectan materialmente la adaptación educativa y profesional, relaciones interpersonales.

Los tests de intereses tratan la preferencia o aversiones del individuo para una gran variedad de actividades específicas.

Hoja de intereses profesionales de Strong. La forma corriente de esta hoja de intereses consta de 400 items agrupados en 8 partes. En las cinco primeras el sujeto registra su preferencia contestando "gusto", "disgusto" e indiferencia. A cada una de estas 5 partes le compete una de las categorías siguientes: ocupaciones, materias escolares, recreación. Las tres partes restantes requieren que el sujeto coloque las actividades dadas por orden de preferencia.

El test de STRONG proporciona escalas no-ocupacionales que incluyen:

masculinidad-femineidad
rendimiento académico.

Inventario de intereses de Kuder. Es un inventario que mide múltiples intereses, también llamado hoja de preferencias de Kuder. Su fin principal es indicar el interés relativo a un pequeño número de amplias áreas más que en ocupaciones específicas.

Los elementos del Kuder son el tipo de terna, de elección forzada. Sobre cada una de las tres actividades consideradas hay que señalar las que se estiman como más agradables o menos desagradables.

El test proporciona 10 escalas de interés, más una de verificación para registrar el descuido, la equivocación y la elección de respuestas socialmente deseables pero improbables.

Se dan normas para hombre-mujeres, grupos de segunda enseñanza, adultos.

Tests de intereses de Geist. Es un test elaborado por HAROLD GEIST presentando el material a través de dibujos, que el individuo debe elegir; los dibujos representan diversas actividades, llegando a obtenerse un perfil de los intereses. Posteriormente se interroga sobre las motivaciones por las cuales seleccionó las actividades. GEIST agrupa las motivaciones en: familiares, de prestigio, económicas, intrínsecos y de personalidad, ambientales, experiencias pasadas y ambivalentes.

En los *tests de actitudes* se puede mencionar: la escala de actitudes de THURSTONE, una de las más antiguas, que estudia las actitudes frente a toda la serie de problemas (divorcio, libertad de prensa, religión, etc.). Cada escala incluye alrededor de veinte frases debiendo el individuo indicar si está o no de acuerdo.

La *escala de Bogardus* llamada de distancia social permite medir la actitud del sujeto frente a una persona de raza, religión, y nivel social distinto.[38]

La *escala Likert* exige al sujeto una respuesta graduada a cada manifestación y se expresa a través de cinco categorías.[39]

El *test de Allport, Vernon y Lidzey,* basado en los tipos de personalidad de SPRANGER mide seis interesantes motivos o actitudes: teórico, económico, estético, social, político y religioso. En el folleto del test los ítems están dispuestos al azar sin ninguna clave relativa. Cada ítems requiere la estimación de preferencia de 2 a 4 alternativas que figuran en diferentes categorías de valores.

Los tests de intereses y actitudes son auxiliares para el estudio de las actividades que el interno puede desarrollar dentro de la institución penitenciaria.

---

[38] Ver PICHOT, *Los tests mentales.* Ed. Paidós, Buenos Aires, 1967.
[39] Ver PICHOT, *ob. cit.*

Los tests de visión, oído y destreza motora se utilizan para la selección y orientación de actividades laborales. Para la sensibilidad visual, el *tablero de Snelleon* y test para la discriminación del color, como el test de Ishihara. Para la audición los tests intentan conocer la agudeza auditiva a través de la aplicación de audiometro. En las funciones motores, para medir la rapidez y la coordinación de movimientos, entre estos tests se encuentran: *tests de destreza con piezas pequeñas de Crawford,* test de destreza manual de *Pegboard,* test de destreza de *Stromberg.*[40]

Para las aptitudes artísticas, el test de juicio artístico de *Meier,* constituye un grupo de 3 sub-tests destinados a estudiar aspectos importantes del talento artístico. *El test de Meier* consta de dibujos o pinturas de reconocidos artistas, cada elemento contiene sólo dos versiones una original y una variación en la que se han alterado la simetría, la unidad o el ritmo. Se concentra este test en el juicio de la organización estética, que *Meier* considera el factor clave del talento artístico.[41]

El inventario de *Aptitud artística de Horn* incluye ejercicios de trazado y composición y un sub-test sobre imaginación, pretende observar los aspectos de creación artística.

---

40 Ver Anastasi, *ob. cit.*
41 Anastasi, *ob. cit.*

Capítulo V

TRATAMIENTO PENITENCIARIO

El tratamiento clínico-criminológico se refiere a los medios para ayudar a un hombre.

En un concepto más amplio podemos decir que se entiende por tratamiento penitenciario la aplicación de todas las medidas que permitirán modificar las tendencias antisociales del individuo. Estas medidas están en relación a cada departamento técnico, es decir medicina, psicología, trabajo social, etc.

Es evidente que el tratamiento está basado en un correcto diagnóstico, es decir implica el estudio exhaustivo de todos los aspectos relacionados a la personalidad del delincuente como unidad bio-psico-social. El estudio de la familia y sus relaciones interpersonales y el estudio victimológico.

Por ello ante un desconocimiento de la personalidad del delincuente, de sus intereses, aptitudes, valores, de su desarrollo, de sus motivaciones, es imposible pensar en un tratamiento y asistencia del individuo y de igual modo a un mayor conocimiento paciente-interno, más eficaz resultará el tratamiento porque estará basado en criterios científicos y especialmente en una realidad existencial.

Hemos comentado que cada individuo es único en su desarrollo, con una historia y evolución diferente a los demás individuos, con una conducta delictiva también única relacionada a complejos y difíciles procesos motivacionales de la agresión. Partiendo de este esquema podemos señalar que no basta conocer una parte o aspectos del individuo, por ejemplo el estudio psicológico o médico o laboral para definir y decidir el tratamiento, es necesario que se conozcan los estudios realizados por los departamentos técnicos, contar con todos los datos posibles sobre el interno y con las mayores observaciones clínicas.

Objetivos del tratamiento penitenciario

El tratamiento clínico-criminológico tiene los siguientes objetivos:

— El tratamiento clínico-criminológico tiende a que el paciente interno se conozca y comprenda su conducta delictiva como conductas autodestructivas de marginación y desintegración de la personalidad.
— El tratamiento es respeto al paciente-interno, a su lento y difícil proceso de rehabilitación.
— El tratamiento tiene por objeto que el delincuente "modifique" sus conductas agresivas y antisociales, haga consciente sus procesos patológicos de destrucción hacia los demás y hacia sí mismo que él ha utilizado en la conducta delictiva.
— Que adquiera consciencia del daño causado a los demás, a sí mismo a la familia y a su medio social. Esta comprensión implicará la atenuación de la agresividad.
— La sensibilización en cuanto a su afectividad. El hecho de que una persona agreda o se autoagreda es indicio y síntoma de que existen aspectos muy patológicos en su personalidad, en especial en relación a las demás personas, a su comunicación.
— Favorecer las relaciones interpersonales sanas y estables es otro de los objetivos fundamentales en el tratamiento penitenciario. El hombre que comete un delito ha tenido por lo general una honda conflictiva a nivel de las relaciones interpersonales, una conflictiva en su núcleo familiar, con la figura de autoridad. Existe una desconfianza en las relaciones interpersonales como consecuencia de la conflictiva básica del delincuente.
— Es necesario que a través del tratamiento el paciente interno pueda canalizar sus impulsos agresivos y tam-

bién pueda verbalizarlos. La psicoterapia, la laborterapia, el estudio, la religión, el creer en algo son medios que permiten no sólo la descarga de los impulsos y tendencias agresivas sino que permiten la verbalización y atenuación de los problemas. Esta canalización la realiza el paciente-interno también a través de los programas de actividad, del trabajo dirigido en función del tratamiento. Las actividades pedagógicas, deportivas, las actividades culturales, teatro, baile folklórico, música, que permitirán la expresión y proyección del individuo.

— El objetivo del tratamiento penitenciario no es adaptación a la cárcel, a la familia o al medio social, sino es transformación en el proceso de comunicación entre el interno-delincuente y su medio. El terapeuta ayuda en esa transformación de la comunicación para que el individuo no se comunique a través de la violencia.
— No se concibe el tratamiento penitenciario sin un enfoque existencial, del modo de vida, del respeto a sí mismo que debe tener el individuo y del respeto hacia los demás.
— Implica, el tratamiento, un replanteamiento de los valores humanos.
— El tratamiento es individualización, es el conocimiento de la situación existencial de un hombre con una conflictiva antisocial.
— En el tratamiento se debe tener conciencia de las dificultades que representa el comprender la situación existencial del "otro" de sus conductas violentas y destructivas. Asimismo las dificultades que plantea, en la mayoría de los casos el núcleo familiar del delincuente, rechazante y sin brindar ayuda al interno. Si el núcleo familiar primario (madre, padre) lo ha abandonado el tratamiento debe plantear los sustitutos para la asistencia del individuo. El tratamiento nunca es considerar al individuo solo, aislado sino en comunicación permanente con su medio social.

Tipos de tratamiento

En la institución penitenciaria podemos referirnos al tratamiento:

a) Individual.
b) Grupal.
c) Institucional.

Estos tres niveles de tratamiento están íntimamente intercorrelacionados ya que implican el conocimiento de la situación particular en la que se encuentra el individuo, su delito, su historia; en una segunda consideración se refiere a las actividades que realiza ese individuo con otras personas, dentro de la institución penitenciaria, sus actividades de grupo terapéutico, actividades laborales, educativas, sus relaciones con el grupo familiar y por último los objetivos institucionales de tratamiento que influirán en el individuo y éste a su vez en las características de la institución.

Tratamiento individual

El tratamiento individual parte de un amplio y cuidadoso estudio de diagnóstico. En los capítulos relacionados a la clínica-criminológica, al diagnóstico y a los métodos para llegar al diagnóstico nos hemos referido al tratamiento individual porque consideramos que siempre que intentamos conocer la historia y situación del individuo estamos haciendo tratamiento.

El tratamiento individual debe tener en cuenta la edad del individuo, el delito realizado, los antecedentes policiales y penales, el nivel educacional, las tareas, trabajo o profesión, el núcleo familiar, las características de personalidad del interno.

Aquí vamos a plantear la consideración del tratamiento teniendo como base el delito y las características de personalidad.

ROBOS: PERSONALIDAD PSICOPÁTICA Y TRATAMIENTO

Diagnóstico. La personalidad *psicopática* se caracteriza por los siguientes aspectos:

— Es una persona con una marcada inestabilidad en todas sus conductas[1] que proyecta una personalidad con una grave conflictiva interna que se traduce especialmente en la relación interpersonal agresiva y autodestructiva.

— El psicópata presenta dificultades en el pensamiento, concretamente en relación a un pensamiento lógico debido a que se mueve en un plano bastante inmaduro e infantil. Existen alteraciones en el desarrollo de la simbolización que afectan la posibilidad de formular el pensamiento verbalizado, por ello todo lo actúa.

— El juicio está en desconexión con la realidad y esto posibilita las ansiedades y fantasías persecutorias. Las características están dadas por la permanente hostilidad, de manera que existe un nivel consciente de distorsión frente a las amenazas que la sociedad representa para él.

— La comunicación es inestable y predomina un contenido verbal sádico e infantil, tiende a la manipulación y se burla de las personas, especialmente en el plano familiar y afectivo.

---

[1] La conducta delictiva que más frecuentemente se manifiesta en el psicópata es el *robo,* que aparentemente es una conducta utilitaria, sin embargo es una cobertura de motivaciones más complejas de definir.

Entre las conductas se distingue: *hurto,* esto es la sustracción de la propiedad ajena sin violencia o intimidación. El robo, el individuo actúa con fuerza en los objetos y medios o también con violencia física en las personas. Los modos y lugares, instrumentos para el robo difiere en cada individuo, así como si el robo es realizado por un individuo o por un grupo. Algunos se especializan en determinadas conductas asociales, ejemplo, el carterista, el ladrón de automóviles, el ladrón de bancos, el de tiendas, el de casas, etc.

También el psicópata puede estar relacionado a conductas de tráficos de drogas, pertenece a organizaciones y está identificado con ese modo de vida. Los secuestradores de personas y niños presentan profundas características psicopáticas; y los homicidas reincidentes y asalariados.

— El lenguaje es particular, concreto, cortado, autoritario.
— Es inestable en su comportamiento y tiene una enorme facilidad de pasar a la acción (acting-out).
— Afectividad: el sentimiento de culpa está muy disminuido en el psicópata, con escasa capacidad para experimentar emociones normales de depresión.
— La angustia que sí se manifiesta, a través paradojalmente de sus conductas agresivas, está proyectada por una búsqueda constante de una relación de dependencia, por lo común se expresa a través de sus conductas agresivas y sádicas que le proporcionan un alivio a sus estados de angustia y ansiedad.
— Frente a las demás personas el psicópata parece frío, duro, rígido pero es una coraza externa para protegerse de sus sentimientos infantiles.
— Existen fuertes sentimientos de minusvalía e inferioridad, de ahí la necesidad del comportamiento agresivo para equilibrar en el plano de las fantasías su narcisismo.
— El psicópata no presenta trastornos en la orientación espacio-temporal, pero es notaria su falta de consideración real de la dimensión temporal, ya sea del presente, de la relación con el pasado (por los problemas en la asimilación de la experiencia) o del futuro. En su conducta no sigue ningún plan o meta establecida o deseada.
— El psicópata presenta una alteración de su conciencia que lo conduce a perturbaciones en su adaptación social. Especialmente son indiferentes a lo que piensan los demás y muestran tendencias a las relaciones superficiales. No presentan alteraciones en el plano de la percepción, memoria, conación.
— La atención es dispersa, disminuida por su gran inestabilidad.
— La adaptación a la realidad es especial debido a que prevalecen sus deseos y fantasías y por lo tanto no se puede adaptar al medio ambiente familiar y social o a

la cultura en que vive porque su interpretación de la realidad es fantaseada.

— Desde el punto de vista del interjuego de roles podemos decir que los psicópatas no se adaptan ni a las personas ni a los grupos, muestran una oposición constante hacia la autoridad. Presentan una clara perturbación en la estructura de la identidad.

— El psicópata es hiperactivo, se mueve constantemente y busca nuevos ambientes y situaciones.

— Se advierte el deterioro en el plano moral y ético, existe una acentuada distorsión de los valores de la cultura a la cual pertenece.

— Marca su cuerpo a través de tatuaje y cortes que son conductas de identificación y autodestrucción. La influencia del tatuaje como alteración del esquema corporal es importante y sumamente significativa.

Tratamiento. En relación al tratamiento del delincuente con una personalidad psicopática es necesario considerar:

— Generalmente cuando el tratamiento del psicópata se inicia, ya hace mucho tiempo que el individuo presenta valores morales contrarios a su medio social. El deterioro es muy marcado debido a las experiencias de abandono que ha sufrido en sus primeros años de vida y a las experiencias traumatizantes a nivel de las relaciones interpersonales, que han agudizado su gran inestabilidad afectiva y en consecuencia la inestabilidad en todas las áreas del comportamiento.

— También es necesario tener en consideración la desconfianza básica que presenta y que repercuten en sus relaciones interpersonales inestables y se caracteriza por un juego manipulador, pero a la vez autodestructivo.

— El psicópata está identificado con su modo de vida, aventurero, audaz y carente de una mínima planificación y precaución hacia sí mismo y hacia las personas que lo rodean, es una filosofía existencial del aquí y ahora en desconexión con el pasado y sin importarle el futuro.

— Todos estos elementos son sumamente significativos para el tratamiento del psicópata, que por la gravedad de la sintomatología agresiva, requiere de un tiempo bastante prolongado.

— Podemos decir que en el tratamiento del psicópata es necesario que todos los departamentos técnicos: psicología, trabajo social, laborterapia, medicina, etc., conjunten y armonicen un programa de tratamiento de carácter integral, de lo contrario si solamente trabajo social hace el esfuerzo de localizar el grupo familiar, que por lo general lo ha rechazado, lo ha marginado hace mucho tiempo, pero aún algunos miembros se interesan por el psicópata, y el departamento de psicología no realiza una psicoterapia y el jefe de los talleres no organiza un plan de laborterapia, podemos asegurar que las repercusiones en el individuo serán mínimas.

— Una estabilidad emocional y afectiva traerá consecuencias para una estabilidad laboral y educacional, o por el contrario un buen programa pedagógico teniendo en consideración las características de ambivalencia e inestabilidad del psicópata serán muy importantes para su estabilidad emocional, porque comenzará a preocuparse por él mismo.

— Uno de los mayores problemas en el tratamiento del psicópata es que él no se interesa por sí mismo, aunque superficialmente aparezca con otra faceta. El terapeuta hará hincapié en los factores de autodestrucción porque en la medida que el psicópata comience a cuidarse a sí mismo, a pensar en su futuro, a aprender, a comunicarse con los demás, disminuirá su agresividad hacia los que lo rodean.

— El psicópata debe aprender, y esto es un aprendizaje lento y difícil, a comunicarse, a solicitar, a verbalizar sus necesidades. El aprendió desde niño a no verbalizar sino a actuar sus necesidades, es decir a tomar directamente lo que él necesita, a agredir, a no importarle sacar objetos y cosas del otro para sí mismo.

— Las relaciones interpersonales, el confiar en las personas, está interrelacionado a sus niveles de comunicación y a su infantil afectividad.

— El psicópata manipula a las personas y las agrede permanentemente porque él siente que nunca ha recibido afecto y atención. A nivel del tratamiento esto es importante porque justamente el tratamiento, en todas las áreas debe hacerle sentir que se desea ayudarlo para que sea un hombre sano.

— Es erróneo plantear el tratamiento sólo en el aquí y ahora del psicópata dentro de la institución, debe plantearse una integración y una toma de conciencia del pasado-presente y futuro, ya que el psicópata los tiene escindidos.

— El tratamiento debe plantear una intensificación de las áreas de pedagogía y laborterapia, porque el psicópata por lo general con una historia de privaciones internas y externas tuvo pocas oportunidades de aprendizaje.

— Asimismo por las dificultades que presenta en las relaciones interpersonales, en la comunicación es conveniente y necesario la integración a nivel de las actividades recreativas, deportivas, teatrales.

— El teatro, la actualización es un medio sumamente eficaz porque el psicópata actúa y "aprende" a ponerse en el lugar del otro, de un personaje.

— En la medida que el psicópata se estabiliza emocionalmente y en relación a los demás la imagen de la estructura familiar cambia, ya no es de rechazo sino de vínculo.

— Por lo general la relación psicópata y familia está caracterizada por ser una relación sado-masoquista, la familia lo ha abandonado y rechazado desde temprana edad y él a su vez destruye a la familia con las conductas agresivas. Es necesario replantear nuevas relaciones familiares, es decir dentro de un nuevo contexto situacional.

— El objetivo más importante en el tratamiento del psicópata es a nuestro criterio "sacarlo" de sus conductas autodestructivas para sí mismo y para el medio. Esto implica fundamentalmente sensibilizarlo, hacerle tomar consciencia de su narcisismo agresivo y de la necesidad de un vínculo con los demás, de una comunicación más sana, de la percepción existencial más humana.

— Pero debemos tener presente que la personalidad básica del psicópata no se modifica sino que lo que hace el tratamiento es una estructuración de sus defensas, que le permitan un control de sus conductas agresivas y una relación interpersonal más estable y sana. Claro que también estos objetivos estarán relacionados al diagnóstico, especialmente al deterioro que presenta el psicópata. Aquí encontramos múltiples niveles que serán muy importantes para especificar el tratamiento individualizado.

Homicidios: Personalidad confusional y tratamiento

Diagnóstico. En los individuos que han cometido un delito de *homicidio* se plantean los siguientes aspectos en el diagnóstico:

— Es necesario el conocimiento de las motivaciones que han llevado a cometer el delito de homicidio [2] en relación a la historia del individuo. Esto significa básicamente saber qué tipo de homicidio, si fue por venganza, presionado por el medio social, si el homicidio fue por móviles económicos, si fue un homicidio pasional, es decir la motivación afectiva y de celos en la pareja,

---

[2] Existen numerosas clasificaciones en relación al homicidio. Así Di Tullio señala: homicidio altruista, homicidio por celos, homicidio por vendeta, homicidio por perversión instintiva.

Von Henting: asesinato por lucro, asesinato por conflicto, asesinato por cobertura, asesinato sexual.

Hesnard: crímenes esquizofrénicos e impulsivos, crímenes paranoicos y de delirantes crónicos, crímenes en los accesos maniaco-depresivos y en las psicosis aguda.

Abrahamsen: homicidio por celos, homicidio cometido en el curso de un delito sexual, homicidio en estado de embriaguez, homicidio sustituto, homicidio originado en un sentimiento de inferioridad física, homicidio por móviles pecuniarios y homicidio por móviles desconocidos.

o si fue un homicidio causado por una crisis confusional y de carácter psicótico.

— El conocimiento del tipo de homicidio, la vinculación con la víctima, la situación pre-delictiva y post-delictiva del individuo, así como todos los datos posibles de la historia personal y familiar brindarán al criminólogo una base para poder establecer el diagnóstico.

— La adaptación a la realidad del homicida suele ser precaria por la crisis confusional que provocó el delito y por el deterioro de la personalidad. Pero esto es importante para realizar el diagnóstico diferencial. Esta adaptación a la realidad se relaciona a una conciencia del delito y del daño causado, a una conciencia de las circunstancias que motivaron la conducta delictiva.

— A nuestro criterio en casi todos los casos la conducta de homicidio está muy vinculada a procesos psicóticos, que se manifiestan en la descarga agresiva y violenta, en diferentes niveles que abarcan múltiples situaciones desde situaciones mágicas y primitivas como en el caso de los homicidios en la que se cree que la víctima es una "bruja" hasta los cuadros depresivos de matar a la propia familia para que no sufran. Siempre se encuentran elementos y conductas de índole psicótica.

— La psicosis puede desencadenarse en el homicidio como un auténtico proceso agudo, el individuo aparentemente presenta hábitos y normas sociales adaptadas, carecen de antecedentes policiales y penales pero la observación más minuciosa de su historia clínica revela numerosas dificultades en su vida de relación, una historia de frustraciones a sus necesidades, conflictos y tensiones como consecuencia de una agresividad reprimida y densas psicológicas no controladas en determinadas circunstancias, que implican un simbolismo para el individuo. La situación desencadenante entonces suele ser no-conflictiva, aunque sí lo es para el individuo que representa la descarga de su violencia.

— También se observan casos en que el individuo reacciona ante situaciones cotidianas con una mayor agresividad, que concluye en la conducta violenta para luego volver a su comportamiento anterior. En estos casos el homicidio, aparece como una manifestación brusca, violenta, destructiva incontrolable, en contraste con la historia del sujeto, quien no ha proyectado conductas agresivas de índole grave. La percepción de imágenes persecutorias, en la mayoría de los casos lleva a una tendencia a descargar esa agresión, que está muy unida a la frustración de necesidades internas y externas, el hecho, el lugar, la relación con la víctima, es decir las circunstancias pre-delictivas, componen una circunstancia "especial" para él que prepara esa reacción tan patológica. Ejemplo son los homicidios cometidos por individuos alcohólicos y los homicidios por celos.

— Anteriormente hemos comentado los diferentes tipos de homicidios,[3] y consideramos que se debe partir de una clara comprensión de la conducta delictiva para poder establecer el diagnóstico del individuo.

— En el homicidio más que en ninguna otra conducta delictiva se observa con mayor claridad la patología del individuo por las características de la conducta, los instrumentos empleados, las simbolizaciones, la particular relación con la víctima, la reacción post-delictiva. Todos elementos que permiten llegar a un diagnóstico y establecer el tratamiento.

Tratamiento. En el tratamiento al individuo que ha cometido un delito de homicidio podemos considerar:

— Que la descarga de impulsos destructivos y violentos como consecuencia de un gran monto de agresividad

[3] Consideramos: el homicidio como una conducta individual entre los que se encuentran el homicidio por alcoholismo, por discusión o pelea, por búsqueda de dinero, por identificación emocional, el homicidio como una conducta psicótica, el homicidio sustituto, homicidio asalariado y el homicidio político.

En el homicidio grupal reconocemos: el homicidio por robo, por venganza y por enfrentamiento con otro grupo. Ver. H. Marchiori, *Psicología Criminal,* Ed. Porrúa, 1975.

reprimida está muy vinculada a procesos psicóticos, debido a que sólo en un estado de confusión se puede realizar esa conducta patológica.

— Lo anterior plantea que a nivel del tratamiento es importante conocer las características del comportamiento del individuo en el antes y después de la conducta delictiva como dato diagnóstico pero que será la base para el tratamiento.
— Los objetivos del tratamiento deben considerar la toma de consciencia del homicida, de su realidad y del delito.
— Los aspectos psicoterapéuticos son importantísimos en la recuperación social del homicida, por la índole del delito y de las simbolizaciones que involucra la relación autor-víctima.
— Asimismo debe considerarse que el homicidio siempre implica elementos de autodestrucción muy fuertes, especialmente si el homicidio ha sido cometido dentro del núcleo familiar.
— Debe intensificarse el tratamiento a nivel pedagógico y laboral. El homicida, presenta una estabilidad laboral pero se observa que su trabajo es obrero o jornalero. El tratamiento laboral debe enfocarse a brindarle una especialización para cuando salga de la institución se encuentre en mejores condiciones laborales. Lo mismo se puede mencionar en relación al criterio pedagógico que debe otorgarle nuevas posibilidades a nivel educativo, ejemplo, completar estudios, cursos culturales.
— Lo anterior permitirá a este individuo nuevas posibilidades, establecer nuevas relaciones interpersonales y de esta manera atenuar el deterioro psíquico y social.
— Las investigaciones criminológicas indican que un número significativo de homicidios se realizan por el alcoholismo del autor del delito. Esta enfermedad debe tenerse muy en cuenta en el tratamiento penitenciario ya que frecuentemente el individuo apenas sale de la institución retoma sus hábitos alcohólicos lo que representa nuevas posibilidades de conductas violentas por la desinhibición que acompaña la adicción alcohólica.

— El tratamiento del homicida debe estructurar defensas para prevenir brotes impulsivos y violentos como lo que ocasionaron la conducta del delito. Psicología, junto a trabajo social deben ser los responsables del diagnóstico y terapia familiar.

— El estudio del núcleo familiar permitirá no sólo la labor de diagnóstico individual y familiar sino también conocer muchos aspectos de la dinámica del crimen; especialmente la relación autor-víctima.

— La familia del homicida, que por lo general lo visita frecuentemente, es un medio muy importante en el tratamiento del interno, y debe responsabilizarse de un control post-institucional.

— Los estudios victimológicos adquieren en el caso del homicidio un valor muy especial ya que frecuentemente se observa, sobre todo en zonas rurales, como la familia de la víctima toma venganza en miembros del núcleo familiar del interno; o éste cuando sale se venga en la familia que hizo la denuncia del delito. Trabajo social es el departamento encargado de detectar los problemas victimológicos, tranquilizar y orientar a los familiares de la víctima, solicitar ayuda de otras instituciones locales, cercanas al domicilio del autor y de la víctima y en caso necesario orientar a la familia del interno para un cambio de domicilio.

— Siempre es recomendable que en todos los casos la salida del interno de la institución debe ser gradual y muy controlada, más aún en los homicidas y si existe un problema victimológico latente.

— En los casos de crímenes considerados psicóticos, el psiquiatra debe mantener un tratamiento y control muy riguroso, especialmente en los esquizofrénicos y en la psicosis alcohólica, donde existen elementos paranoicos muy marcados que pueden llevar a una reincidencia, delictiva, inclusive dentro de la institución.

— En los casos de homicidas reincidentes, esto conlleva de por sí una alta peligrosidad a conductas violentas y destructivas, pero también significa desde el punto de vista del diagnóstico un individuo que debe ser objeto de una atención muy especial por todos los departamentos técnicos. A nuestro criterio un homicida reincidente debe estar bajo tratamiento psiquiátrico y en función de este tratamiento se deben estructurar las demás medidas, esto es laborterapia, educación, etc. No es raro observar que un homicida reincidente cometa un nuevo delito dentro de la institución, siempre de carácter violento. Se debe aclarar que no creemos que las medidas de encierro o seguridad extrema sean los criterios a adoptar sino un tratamiento asistencial especial porque es un sujeto con una grave patología en su personalidad.

Personalidad con una conflictiva sexual y tratamiento

Diagnóstico. La personalidad del *delincuente sexual* se caracteriza por una acentuada inmadurez emocional, existiendo un desequilibrio afectivo que se proyecta en las conductas repetitivas de tipo sexual-agresivo.[4]

---

[4] Según Karpman un delito sexual es un acto que atenta contra las costumbres sexuales de la sociedad en la que el individuo vive, ofende principalmente porque genera ansiedad entre los miembros de esa sociedad.

Para Wolbarst las perversiones más graves son el maltrato sexual a niños, el incesto, la relación sexual con un cadáver y el exhibicionismo, todos estos actos son motivados por una personalidad patológica.

Bromberg agrupa los delitos sexuales en: violación, delitos sexuales asociados con fuerza pedofilia, actividad homosexual e incesto.

Gross, son delito: violación, exhibicionismo, incesto, corrupción moral y prostitución.

East señala: sadismo, masoquismo, fetichismo, transvestismo, necrofilia, voyeurismo, bestialismo.

Selling: los delitos sexuales pueden ser clasificados en tres grupos: *a)* delitos contra la decencia, *b)* delitos contra la moral de los niños *c)* violación.

F. Alexander clasifica los delitos sexuales de acuerdo a la perturbación del vínculo y del objeto. Vínculo perturbado (sadismo, masoquismo). Objeto perturbado (homosexualidad, pedofilia). Ambos (fetichismo).

Karpman clasifica las siguientes conductas: incesto; sado-masoquismo; violación, necrofilia, fetichismo, homosexualidad, sodomia y pederastia, transvestimos, pedofilia, zoofilia, obscenidad y pornografía; exhibicionismo, voyeurismo y escoptofilia; rapto y seducción; el mal trato indecente.

La personalidad básica que presenta, se manifiesta en su comportamiento tímido, retraído, inhibido, este comportamiento resulta paradojal con la conducta sexual. Esto se explica por las características de la personalidad, especialmente los conflictos en las relaciones interpersonales, la desconfianza básica y la insensibilidad y distorsión en las emociones y sentimientos que le permiten actuar de un modo disociativo entre su comportamiento sexual y en sus demás actividades.

Podemos decir que el pensamiento del individuo con una conflictiva sexual se caracteriza por las ideas obsesivas, siempre de índole sexual; es un pensamiento que tiende a una ilógica de las ideas que se correlaciona a una personalidad inmadura e infantil.

Presenta dificultades para la comunicación interpersonal, existe un aislamiento (a mayor patología) y una desconexión con la realidad social. Por lo tanto el lenguaje suele ser sumamente precario y donde se manifiestan los problemas para la verbalización de sus necesidades afectivas y de relaciones interpersonales.

Es evidente que el área donde confluye la conflictiva es la afectiva que deriva en su trastorno y patología sexual. La búsqueda de afecto, generalmente por experiencias infantiles frustrantes y una búsqueda de dependencia (con el objeto sexual) están señalando la problemática de una personalidad inmadura, inestable, agresiva y aumentando su angustia y desintegración en la medida de que sus ideas obsesivas de carácter sexual se agravan y se proyectan en el comportamiento sexual.

El delincuente sexual, como una última medida de protección a su personalidad, niega su conducta sexual manifestando por ello alteraciones en la conciencia, al atribuir el comportamiento sexual a las provocaciones de la víctima o a las circunstancias del lugar. Pareciera que esta "negación" de su conducta es un recurso protector de tipo inconsciente para atenuar los sentimientos de persecución pero paralelamente para continuar y repetir sus conductas y agresiones sexuales.

La etiología de la conflictiva sexual siempre está vinculada a procesos del desarrollo psicosexual del individuo y puede desencadenarse en diferentes etapas de la vida, pero con características delictivas propias, es decir, difiere el comportamiento sexual en el joven, en el adulto y en el anciano. Asimismo difiere el modo especial de relación con la víctima y las circunstancias pre-delictivas.

En la psicomotricidad se observa que en los jóvenes delincuentes sexuales se manifiesta una hiperactividad, se mueven constantemente y esto debe relacionarse a la personalidad inmadura e inestable.

La inteligencia es por lo general inferior a lo normal, aunque no es tan grave que implique retardo.

La adaptación a la realidad, como consecuencia de su problemática es precaria, inestable y evidenciando profundas dificultades para mantener relaciones estables.

El deterioro de los valores morales y sociales es progresivo y se acentúa a mayor edad, lo que señala, a nuestra consideración, los aspectos de una mayor gravedad a nivel psicopatológico.

Tratamiento. El tratamiento del delincuente sexual implica la consideración de los siguientes aspectos:

— La problemática sexual que se ha manifestado en el delito ha tenido su inicio mucho tiempo antes, por lo general en la adolescencia y en las etapas infantiles.
— La problemática sexual está muy relacionada a los aspectos educativos a nivel sexual, especialmente a la reacción de los padres. Es decir el individuo presenta la conflictiva sexual desde antes que cometiera el delito.
— La actitud del individuo, autor del delito ante la conducta sexual es siempre sistemática: la niegan atribuyendo su inocencia, o la atribuyen al comportamiento de la víctima. La negación es una de las características más frecuentes y consideran muchas veces que sus víctimas son personas agresivas y seductoras que los han obligado a cometer el delito.
— En el tratamiento debe tenerse en consideración el diagnóstico de personalidad, el tipo de delito, si fue realizado por un grupo de personas, la relación con la víctima

y la edad de ésta. Estos criterios darán la pauta de los aspectos de patología del individuo y por consiguiente cómo se estructurará el tratamiento.

— La conducta delictiva sexual implica no sólo la problemática sexual sino también una conducta de extrema agresividad en la que no suele sorprender los detalles de crueldad y verdadero sadismo, especialmente en los casos en los que se mata a la víctima. Es claro que en gran parte de los casos de violación por grupos, la víctima presenta mínimas defensas y enorme peligrosidad para su vida, esta peligrosidad está atenuada cuando el sujeto actúa solo, a excepción de casos de niños o personas con un déficit mental, físico o imposibilitado. Las circunstancias y la relación de conocimiento entre autor y la víctima son aspectos de mucha importancia para una verdadera valoración de peligrosidad. La edad y el nivel mental de la víctima son datos importantes para una comprensión de la agresión.

— La muerte de la víctima luego del ataque sexual es realizada por una situación de pánico del autor, ante los gritos de la víctima o el acercamiento de otras personas al lugar o porque la víctima lo ha reconocido. Golpes a niños para que no llore o no grite conducen al autor a una agresión mayor y al homicidio. También cabe mencionar que en los ataques sexuales a niños, se observa una profunda patología afectiva de parte del individuo y la carencia de relación sexual o de una pareja adulta estable. Son individuos con una conflictiva en las relaciones interpersonales, especialmente con la figura femenina.

— El tratamiento considera todos los aspectos señalados en relación al delito y la relación con la víctima. El tratamiento al delincuente sexual implica siempre una psicoterapia profunda a nivel psicológico o psiquiátrico. La tarea médica es sumamente importante.

— En todos los demás niveles de la conducta, el delincuente sexual puede presentar un modo de vida pseudoadaptada: área laboral, educativa, familiar. Sin embargo los rasgos de personalidad inmaduros e infantiles y sus impulsos sexuales no controlados lo conducen a proyectar agresiones sexuales, conductas repetitivas dentro de la institución penitenciaria.

— El delincuente sexual vuelve a repetir sus conductas sexuales en la institución penitenciaria ya que es consciente que no controla sus impulsos pero también es frecuentemente víctima de ataques sexuales y agresiones por otros internos.

— El tratamiento al delincuente sexual implica tratamiento a la familia para de esa manera ayudar a un mayor control de sus conductas.

— Las relaciones interpersonales que están muy deterioradas y son difíciles porque es una personalidad tímida y con problemas afectivos y emocionales conlleva a que el tratamiento debe acentuar un aprendizaje en las relaciones interpersonales, en la comunicación con el otro, especialmente con el adulto. Las agresiones que el delincuente sexual tiene hacia los menores es producto que los elige porque teme a la relación con los adultos. Elige a los niños y ancianos para sus ataques, o a las personas solas porque representan para él una mayor seguridad. Y en el tratamiento se debe conscientizar esta problemática a nivel de la comunicación y de la relación con el otro.

— Tanto en el exhibicionista, como en la violación, como en la impudicia con menores se advierten graves problemas en la comunicación, sentimientos de soledad y una marcada agresividad hacia los adultos.

— También aquí deben acentuarse los aspectos de tratamiento a nivel laboral, educacional y de actividades deportivas y culturales.

— En los casos de incesto, el delito fue cometido dentro del grupo familiar, se considera fundamental el tratamiento al grupo familiar, con especial acentuación en el tratamiento a la pareja, esto es al interno y la esposa.

— Trabajo social realiza una tarea importantísima con el núcleo familiar del delincuente sexual ya que en la medida que exista una familia que lo asista y lo ayude en la reincorporación social las posibilidades del tratamiento serán mayores porque habrá un núcleo de *control* de las conductas del interno. Sin un núcleo familiar que lo controle habrá posibilidades más altas de reincidencia.

— La salida de la institución debe ser siempre gradual y controlada, consideramos que en todos los casos el delincuente sexual tendrá que internalizar que habrá un control en su comportamiento (real o ficticio) pero necesario para evitar su conductas repetitivas de carácter sexual. Este control especialmente cuando la víctima del delito ha sido un menor.

Personalidad del estafador. Tratamiento

Diagnóstico. En el individuo que ha cometido una *estafa* podemos observar a nivel diagnóstico:

— La personalidad del estafador configura una neurosis de tipo histérico ya que intervienen elemenos de una personalidad seductora, inteligente y manipuladora.[5]

— Es una personalidad con aspectos ambivalentes inestables, con actitudes omnipotentes y con características mágicas, tal vez el aspecto más impactante del histérico

---

[5] El estafador es la contrafigura del individuo sospechoso que se presenta pobremente vestido y que no tiene meta ni ocupación fija, para el estafador es necesario brindar una imagen que represente un *status* social elevado. Prepara cuidadosamente los dispositivos engañosos, vestimenta, medios de movilidad, relaciones con personas vinculadas a altas esferas económicas, y también utiliza instrumentos como estampillado, fotografías, falsos telegramas, pasaportes, etc. Esta imagen de solvencia que desea exhibir tiene el efecto de que se rechacen las sospechas hacia él.

En toda estafa existe una relación interpersonal muy particular entre el estafador y su víctima, ésta es seducida, convencida y llevada conscientemente al acto delictivo. En la estafa la actitud deshonesta de la víctima que piensa en obtener una ganancia ilícita garantiza un alto grado de inmunidad para el estafador.

Son numerosos los tipos de estafas: viviendas, autos, oro, estafas matrimoniales, estafas de objetos religiosos, de falsos billetes premiados, etc. El estafador no usa armas, sus instrumentos principales son su seducción, su habilidad para convencer a la víctima.

es el juego que realiza a través de su imagen, especialmente a nivel de la imagen corporal, que constituye un elemento muy importante para la seducción.

— El histérico desea llamar la atención, es inestable, seduce y abandona una vez que el objeto elegido (porque existe una elección de objeto) es seducido. Paralelamente también en esa seducción proyecta su necesidad de dependencia y protección, esto se observa en las conductas y comportamientos infantiles e inmaduros del histérico.

— El hábil y seductor manejo de las relaciones interpersonales lo conducen a una actitud de llamar siempre la atención tanto en un manejo verbal como a través de sus posturas corporales. En este juego de seducción puede ser sumiso, agresivo, silencioso, violento. Existe un acentuado narcisismo que hace que tienda a mostrar sus emociones en público casi siempre en una forma infantil y dramática pero para esto necesita de personas a su alrededor.

— El histérico por su estado de angustia y omnipotencia desea la inmediata satisfacción de sus deseos, no puede esperar, es por lo tanto una persona que frecuentemente no puede controlar sus impulsos. Intenta llamar la atención, para ello desarrollan conductas de simpatía y confianza pero también utilizan otros medios para centralizar esa atención en su persona y llegar hasta la amenaza o mostrándose como personas enfermas.

— Para Ey [6] la histeria es una neurosis caracterizada por la hiperexpresividad somática de las ideas, de las imágenes y de los afectos inconscientes. Para este autor existen tres aspectos fundamentales:

a) *Sugestibilidad,* es decir es influenciable e inconsciente ya que su personalidad no consigue fijarse en la autentidad de una identidad personal firmemente establecida.

b) *Mitomanía:* el histérico por sus comedias, sus mentiras y sus fabulaciones no cesa de falsificar sus rela-

[6] Ver Henry Ey, *ob. cit.*

ciones con los demás. Se ofrece siempre como espectáculo, ya que su existencia es a sus propios ojos una serie discontinua de escenas, de aventuras imaginarias.

c) *Alteraciones sexuales:* las expresiones emocionales tienen algo de teatral que contrastan con fuertes inhibiciones sexuales.

Lo anterior trae como consecuencia una inconsistencia en el individuo que no ha conseguido organizarse conforme a una identificación de su propia persona. En el histérico la máscara del personaje oculta completamente a la persona. Todo el conjunto de la persona del histérico refleja esta falsedad y sus sistemas de organización se desarrolla construyendo un falso personaje.

— El estafador tiene escasos sentimientos de culpa por sus acciones, ya que posiblemente debido a su omnipotencia a su sentido exagerado de su propia personalidad, niega sus aspectos negativos y los atribuye a los demás.

— En el estafador existe una relación interpersonal muy particular ya que lleva a la víctima al delito a través de mecanismos de seducción y engaño.

— Confía en su habilidad para influir sobre la víctima, su trabajo consiste en estimular la codicia y el deseo de confiar en ésta, lo hace con una habilidad que la conciencia y lógica de la víctima está totalmente controlada por el estafador.

— Es una personalidad creativa en la planeación de nuevas conductas de estafas.

Tratamiento. Los aspectos de mayor significación en el tratamiento del delincuente estafador son:

— La personalidad el estafador configura un cuadro de una neurosis histérica, por lo tanto la terapia debe estar centrada en estos elementos de patología en las relaciones interpersonales.

— Es decir el tratamiento implica, a nuestra consideración, una psicoterapia para hacer consciente la angustia que subyace al síntoma de engaño y seducción.

— Existen elementos en la personalidad del estafador de omnipotencia y un marcado narcisismo que dificultan la tarea del tratamiento porque él continua engañando dentro de la institución penitenciaria.

— El tratamiento tiende a analizar el tipo de relaciones interpersonales del estafador, sus mecanismos de seducción y hacer consciente el proceso manipulador que utiliza donde crea situaciones en que la víctima confía en él, engaña precisamente a quienes agradó y recomienza la búsqueda narcísistica.

— Es probable que el estafador esté repitiendo las situaciones infantiles donde los padres fomentaban sus mentiras y engaños y un ocultamiento de la realidad. Por ello es necesario conocer la estructura de la familia del estafador.

— El tratamiento familiar aquí va paralelo al tratamiento individual porque muchas veces la manipulación del estafador comienza en el núcleo familiar y la familia es "cómplice" de las situaciones delictivas del individuo a través de justificaciones y racionalizaciones. Es necesario entonces que la familia reciba orientación para que colabore en el tratamiento del interno, controle y limite el comportamiento omnipotente.

— El estafador continúa con sus conductas de engaño dentro de la institución penitenciaria, a través de sus mecanismos psíquicos utiliza a los empleados, a los internos, a los profesionales y también y muy hábilmente a las autoridades. Esta tendencia a seguir engañando debe tenerse en consideración en el tratamiento y controlar sus actividades, laborales y educativas. El no aceptar ir a la escuela a aprender sino a dar clases y como tiene un nivel educacional superior son frecuentemente los "maestros" o "directores de las escuelas" o jefe de los talleres o los que trabajan en el manejo del archivo penitenciario. Es obvio que estas situaciones favorecen nuevas estafas y engaños tanto a internos como a autoridades.

— Es probable que por su narcisismo el estafador sólo acepte trabajar en una labor "especial", pero dentro de las normas generales de laborterapia institucional y esto debe ser controlado y supervisado por el psicoterapeuta.

Drogadicción. Personalidad dependiente y tratamiento

Diagnóstico. La tarea diagnóstica está muy relacionada al tipo de drogadicción[7] al cual es adicto el individuo, sea estupefacientes, psicotrópicos o volátiles inhalables. Cada cuadro configura una sintomatología diferente, sin embargo a nivel de aspectos de la personalidad podemos señalar características comunes.

El drogadicto es una persona inmadura infantil con sentimientos de omnipotencia, evasivo y manifestando su permanente dependencia a la droga.

---

[7] La D.M.S. define a la toxicomanía como:

1. Invencible deseo o necesidad de continuar consumiendo una droga y procurársela por todos los medios.
2. Tendencia a aumentar la dosis.
3. Dependencia de orden psíquico y a veces físico con respecto a los efectos de la droga.

Existen muchos tipos de drogas, la clasificación clásica se refiere a tres grandes grupos:

1. Estupefacientes:
   a) Derivados del opio (naturales o sintéticos) llamados también narcóticos analgésicos.
   b) Derivados de la coca.
2. Psicotrópicos o neurotrópicos:
   a) Psicolépticos (también llamados neurolépticos y/o sedantes).
   b) Psicoanalépticos (llamados también estimulantes).
   c) Psicodislépticos (también llamados psicodélicos y/o alucinógenos).
3. Volátiles inhalables:
   a) Cemento plásticos.
   b) Solventes comerciales.
   c) Gasolina y otros combustibles.

Presenta valores sociales distorsionados y un marcado deterioro cuando llega a la institución penitenciaria, que le impiden discriminar entre aspectos negativos y favorables, existe una justificación e identificación con su accionar delictivo, manifestando que le permiten trabajar mejor que tiene mayor resistencia, etc. Psicológicamente esto conduce a una paulatina disgregación del pensamiento y a una insensibilidad afectiva. Asimismo a situaciones confusionales psicóticas donde se van estructurando ideas delirantes, en especial paranoides.

A medida que avanza el deterioro de la personalidad, se limita el área de aprendizaje, de intereses, y a negar su conciencia de enfermedad. Regresan a un nivel de conducta de proceso primario en el cual no se acepta postergación alguna del deseo de gratificación, y esto es lo que hace al adicto tan desmedido en su búsqueda y lo lleva a la violencia.

El adicto tiene un yo primitivo que resulta fácilmente vulnerable a la desintegración de la personalidad, especialmente por la tensión y la depresión. A través de la droga alivia la tensión e inmediatamente reestructura la integridad del yo pero fijado a niveles infantiles.

GLOVER [8] en su estudio clasifica las adicciones como estados transicionales malignos entre las psiconeurosis y la psicosis. Y GIFFORD [9] dice que la predisposición a la adicción tiene especial interés porque la necesidad de reducir las percepciones de la realidad, de abolir el sentido del tiempo y de retirarse del contacto humano, sugiere la existencia de un periodo temprano en el cual las relaciones objetales aparecían sólo en términos de gratificaciones.

TOMAS [10] señala en sus investigaciones las relaciones entre las toxicomanías y los estados maniacos-depresivos. Pero es evidente que las adicciones y los estados maniacos-depresivos no constituyen cuadros psicopatológicos idénticos. La diferencia

---

8 Ver GLOVER, *Psychoanalysis.* Londres, 1941. *Psicología del miedo y del coraje.* Ed. Siglo XX, Buenos Aires, 1963.

9 Ver GIFFORD, SAVITT, *Psicología del drogadicto.* Ed. Alonso, Buenos Aires, 1972.

10 Ver J. TOMAS, *La adicción como defensa maniaca.* Ed. Alonso, Buenos Aires, 1972.

dinámica fundamental radica en que el yo del adicto si bien recurre a mecanismos maniacos como defensa frente a ansiedades paranoides y depresivas es incapaz de desarrollar plenamente una reacción maniaca sin el auxilio de un agente externo que la desencadene o refuerce.

Se considera que la adicción consiste en permitir la negación de una parte de la realidad psíquica modificando la percepción de los estímulos desagradables. En la dinámica del drogadicto se observa la autodestrucción implícita en las adicciones como en cualquier otra reacción maniaca.

A nivel diagnóstico podemos decir que las características de la personalidad dependiente configuran una personalidad inmadura, inestable, con aspectos ambivalentes de sumisión y agresividad intentando una solución a su conflicto a través de la adicción.

Los estados maniacos (euforia) y depresión se alternan como consecuencia de su adicción que significa una regresión narcisística pero también una actitud autodestructiva. La droga sirve para eliminar cualquier esbozo de ansiedad depresiva. El efecto de la droga ayuda a un yo muy débil a eludir la intolerable ansiedad depresiva y la pena y la culpa ligadas con la misma.

Lingüísticamente se puede detectar cómo los adictos usan un habla, repitiendo ciertas palabras en forma mecánica, fetichista. El adicto suele utilizar una palabra pivote para articular la realidad. Es consciente de su adicción justificando su dependencia a través de racionalizaciones e intelectualizaciones.

Las percepciones y la atención están presentadas por trastornos hasta en algunos casos llegar a alucinaciones visuales y auditivas. El pensamiento del drogadicto tiende a ideas de autoreferencias. Es decir que los temas que le preocupan son los que manifiesta permanentemente teniendo dificultad para referirse a otras situaciones en las cuales tiene una actitud de negación.

La psicomotricidad está disminuida, el drogadicto es pasivo. El deterioro invade progresivamente todos los aspectos de la personalidad, especialmente en los morales y sociales, aquí es donde se advierte su profunda autodestrucción.

En los casos de tráfico de drogas, la problemática de personalidad es diferente. El traficante presenta una personalidad psicopática, con un sentimiento omnipotente y un delirio de grandeza tan marcado que busca el poder y el dinero a través de la droga. Todo su comportamiento está dirigido a obtener el poder y así sentirse seguro. En el delito proyecta su insensibilidad moral y sus dificultades a nivel de la integración de la personalidad.

Tratamiento. El tratamiento del individuo drogadicto implica los siguientes aspectos:

— Un control médico-psiquiátrico básico para el tratamiento general. Especialmente desde el ingreso del individuo a la institución penitenciaria teniendo en consideración la adicción, tipo de adicción, tiempo de adicción y los periodos de abstinencia.
— Se debe tener presente que el periodo de abstinencia, que está relacionada a caídas en fases depresivas, puede conducir a intentos de suicidio, suicidio o a agresiones y violencia indiscriminada.
— El tratamiento médico-psiquiátrico orientará el tipo de actividades generales dentro de la institución.
— Por la inestabilidad laboral educativa y la conflictiva en las relaciones interpersonales, el drogadicto necesita recibir un aprendizaje en estas áreas que lo conduzcan a un mayor equilibrio de su comportamiento y a un control de sus impulsos autodestructivos.
— El drogadicto a través de una psicoterapia debe tomar consciencia de los procesos autodestructivos que significa la adicción a las drogas y los mecanismos psíquicos que lo impulsaron a esa conducta.
— Debido a que gran parte de los factores que han llevado a la drogadicción están relacionados a la estructura familiar; es necesario un tratamiento y orientación al núcleo familiar del interno.
— Hemos podido observar que ese sentimiento de autodestrucción que presenta el drogadicto y la negación a la

realidad que le permite la droga, están muy relacionados a experiencias infantiles y a las relaciones familiares donde las figuras paternales rechazaban al niño o proyectaban su destrucción o indiferencia. Niños abandonados, torturados, descuidados a nivel educativo, explotados por los padres, desencadenaban en conductas de drogadicción a través de volátiles inhalables, principalmente cemento y thíner.

— La patología del núcleo familiar del drogadicto hace necesario un cuidadoso estudio de diagnóstico para decidir si la familia ayudará al interno o repetirá las conductas de rechazo y abandono con el riesgo de que el interno agrave su enfermedad y desencadene en una psicosis.
— Es decir, se debe valorar cuidadosamente la relación individuo-familia para el diagnóstico y el tratamiento.
— Es necesario sacar al drogadicto del grupo de individuos drogadictos que elige como grupo de pertenencia, ya que fácilmente se contamina en cuanto a nuevas drogas y el deterioro físico, psíquico y social se acentúa.
— El drogadicto es un individuo oral y estos aspectos deben tenerse en consideración en el tratamiento, por la necesidad de protección y de afecto que ha carecido en las primeras etapas de su desarrollo.
— El tratamiento a nivel de una psicoterapia individual y grupal por las características del drogadicto son importantes pero paralelamente también las actividades psicomotoras, deportes principalmente ya que el drogadicto tiende a la inmovilidad y quietud por la tendencia a negar la realidad.

Retardo mental, criminalidad y tratamiento

Diagnóstico. Hemos comentado que en lo referente a la criminalidad de personas con un *retardo mental,* se observa que frecuentemente son las víctimas las que presentan esas características, especialmente en los delitos sexuales. Pero también hay autores de delitos [11] con una personalidad débil mental, que ingresan a la cárcel, que no son considerados inimputables, porque no se proporciona a los jueces los estudios técnicos sobre la personalidad del acusado, o también por la reincidencia delictiva del autor.

El débil mental que comete un delito no sólo presenta limitaciones en su desarrollo intelectual, una personalidad débil y un yo sumamente manipulable sino una marcada distorsión en los valores morales y sociales. Por ello la conducta delictiva es una conducta no reflexiva impulsiva, carente de planificación y llega a este comportamiento por la imitación de grupo delictivos. Estas características en su comportamiento las desarrollará dentro de la institución penitenciaria.

---

[11] Hemos observado que la personalidad con un retardo mental y con una conflictiva social desarrolla frente a determinadas circunstancias generalmente delitos en propiedad ajena (daño). Esta conducta de daño consiste en destruir, inutilizar o de cualquier modo dañar un objeto ajeno, por ejemplo, romper una ventana, arrojar piedras, etc. Es una conducta impulsiva e incontrolada. Es decir la conducta del dañador es impulsiva, destructiva pero dirigida hacia objetos y no hacia personas.

El desplazamiento es un mecanismo psicológico mediante el cual la carga afectiva se transfiere de un objeto verdadero (persona odiada) a un elemento sustituto (casa de la persona odiada). Es decir las características de un objeto (persona) se propagan a otros objetos (pertenencia de esa persona).

El dañador posee una personalidad inmadura e infantil, su pensamiento es lento, es sensible. La conducta delictiva no es planeada, es impulsiva y el dañador por lo general no utiliza armas, sus medios son primitivos, objetos o su propio cuerpo. Es una conducta que no tiene una víctima determinada sino que ésta es desconocida.

Cuando el débil mental realiza una agresión sexual (violación) es por lo común a niños porque se siente más seguro, pero aún aquí es una conducta circunstancial no planeada.

El hurto o el robo se dan más por manipulación de otras personas hacia el débil mental que por una conducta espontánea de éste.

Pero observamos que frecuentemente la persona con un retardo mental es la *víctima* de delitos sexuales. Esto sucede por las dificultades en la comunicación (su lenguaje es precario) no pueden solicitar auxilio y sobre todo por el engaño fácil de la que son objeto.

El grado de retardo mental a veces es muy profundo como en los casos de débiles mentales con un C. I. bajo y esto representa enormes dificultades para su autonomía y resultan víctimas cuando se encuentran solos en lugares apartados. La imposibilidad de poder defenderse se hace evidente en la característica de pasividad y en las dificultades psíquicas para reaccionar y autoprotegerse.

Desde el ingreso y desde la entrevista inicial se detecta la personalidad con un retardo mental y los diferentes estudios técnicos permiten a través del diagnósticó la determinación del grado de las limitaciones intelectuales. Es evidente que partiendo de ese diagnóstico integral realizado por psicología, medicina, psiquiatría, pedagogía y trabajo social se podrá realizar el tratamiento.

Los estudios de psicología y pedagogía son esenciales para determinar las caracteríticas de personalidad, las relaciones con su medio ambiente y los problemas de aprendizaje. Sin esos estudios resulta difícil plantear y realizar un tratamiento.

El estudio psicológico realiza a través de entrevistas, test de personalidad y test de inteligencia la determinación del grado intelectual y la comprensión de los problemas que tenga el interno, así como su maduración y la relación entre su edad cronológica y su edad mental.

Es totalmente absurdo pensar que el débil mental presenta sólo una limitación de su desarrollo intelectual sino como hemos visto, ese retardo intelectual invade todas las áreas de su personalidad.

Es importante entonces en el diagnóstico individual establecer:

La adaptación a la realidad. Por lo general es sumamente precaria y depende por ello de la ayuda que le brinde el núcleo familiar y social. Se observa aquí la dependencia que establece con grupos parasociales para poder así lograr su subsistencia.

Por la debilidad de su yo y de su personalidad el débil es sugestionable y manipulable. Las reacciones del medio en que vive el débil mental determinan en gran parte los trastornos en su adaptación. El débil responde a la incomprensión con reacciones afectivas elementales que lo marginan más del grupo familiar y lo conducen a conductas delictivas.

El deterioro, es muy marcado y a medida que el individuo es de mayor edad se acentúa. Aquí es importante conocer la edad cronológica porque permitirá apreciar el grado de deterioro, ya que su edad mental es muy inferior.

La comunicación, así como el lenguaje es precario, presenta una conducta tímida retraída por las dificultades en las relaciones interpersonales.

Existe dependencia con determinadas personas, es decir presenta una afectividad infantil inmaduras con emociones que lo llevan a desarrollar conductas impulsivas.

La atención, es insostenida e inconstante y el *interés* está sumamente limitado, esto hace que la tarea pedagógica y de laborterapia sea lenta y difícil.

El pensamiento, es concreto, simple, con enormes limitaciones en la abstracción y juicio.

Memoria, puede haber desarrollo de la memoria con respecto a un material específico.

Psicomotricidad, se observa desde una hiperactividad hasta una limitación extrema de sus movimientos. Pero en general sus actividades están estereotipadas. A veces se presenta una agresividad física, mordiscos, golpes y esta conducta puede aparecer en momentos de gran excitación o de rechazo. Según el grado de retardo mental en algunos casos existe una *desorientación espacio-temporal,* esto crea graves problemas a nivel terapéutico además de que a nivel diagnóstico está relacionado a un profundo deterioro.

La conciencia, se encuentra muy limitada por el déficit intelectual. No tiene conciencia de su proceder ni de las consecuencias. El alto alcoholismo, por influencia cultural que a veces presenta, acentúa el deterioro en los niveles de comprensión e intelectualización.

Desde el punto de vista criminológico se muestra impulsivo, irracional y con una conducta irreflexiva. Se observa una marcada distorsión de los valores sociales y morales pero no es agresivo en el plano verbal y no presenta conflictiva con la figura de autoridad, aunque existen casos en que por imitación del grupo delictivo se llega a una alta agresión.

El nivel intelectual inferior a lo normal le han impedido un aprendizaje de tipo escolar y laboral, y esto se observa en todos los casos, por lo tanto sus actividades se encuentran limitadas y se desarrollan a través de una actitud pasiva, permisiva y de carácter receptiva.

Se debe tener presente que las características de personalidad del débil mental siempre se relacionan a un desarrollo biológico retrasado, a una adaptación social precaria, inmadura e insuficiente.

Tratamiento. Referirnos a un tratamiento penitenciario con una personalidad con un retardo mental implica intentar lograr:

Que el individuo pueda valerse por sí mismo especialmente en el área laboral. Muchos débiles mentales por el ambiente familiar rechazante no han recibido una ayuda o un aprendizaje laboral. Al encontrarse sin un medio de subsistencia están propensos a volver al robo y a la búsqueda de grupos parasociales.

El aprendizaje de una actividad es básica en el tratamiento del individuo ya que este aprendizaje representará no depender totalmente del núcelo familiar, poder establecer, a través del trabajo relaciones interpersonales extrafamiliares y por consiguiente mayores posibilidades en su interacción con su comunidad.

El trabajo que desempeñe en la institución penitenciaria es importantísimo porque es el aprendizaje que le servirá posteriormente. Esta laborterapia debe ser controlada rigurosamente por el Departamento de Psicología y por el jefe de los talleres o trabajo, para que progresivamente se adapte a una tarea laboral. El Departamento de Psicología debe controlar esa etapa de aprendizaje laboral de acuerdo a las capacidades y aptitudes. También porque al existir un control psicológico se atenuan las situaciones de rechazo laboral de parte de los demás compañeros o la angustia al poder desempeñar un determinado trabajo.[12]

---

12 Si el deterioro de la personalidad no es muy marcado puede desarrollar una labor, un trabajo, pero esta actividad es simple y muy concreta.

Esta laborterapia comienza cuando llega el individuo a la institución y representa uno de los aspectos más difíciles porque en la mayoría de los casos el individuo careció de una enseñanza a nivel escolar y laboral. Las dificultades entonces en el aprendizaje de una actividad son múltiples y como hemos mencionado no sólo derivan del propio trabajo manual sino de las relaciones interpersonales y la marginación de que es objeto el individuo con un retardo mental.

El aprendizaje escolar es paralelo y presenta múltiples dificultades, aquí también es frecuente encontrar que el individuo carece de toda enseñanza e instrucción escolar especializada.

El Departamento de Pedagogía es el responsable de brindar cursos de alfabetización.

El paciente con un retardo mental debe comprender que a través de sus conductas delictivas está dañando a los demás y esta comprensión es parte de los objetivos del tratamiento. El es una persona muy sensible pero a la vez sumamente dependiente y esta dependencia puede estar establecida con un psicópata que lo induce a robar y al comportamiento antisocial.

El tratamiento implica estructurar defensas para que se maneje mejor en sus actividades, para que comprenda en la medida de sus posibilidades, pero también que se defienda de ser víctima de los delitos y esto sólo se puede lograr a través de las personas cercanas a él.

El débil mental comúnmente es rechazado para participar en las actividades deportivas y esto indudablemente acentúa sus problemas psicomotrices y su deterioro. Debe ingresar a grupos deportivos y recreativos, supervisados por el maestro.

¿Dónde debe alojarse el débil mental?, ¿con quiénes? Esto depende de la edad y del diagnóstico a que se llegue, pero en todo los casos debe ser protegido, porque los jóvenes utilizan al débil mental para sus robos y los reincidentes y delincuentes sexuales como víctima de conductas sexuales dentro de la institución penitenciaria.

Es el individuo que mayores posibilidades tiene de establecer una relación de dependencia con la institución e indudablemente esto es grave a nivel del tratamiento, porque debe prevalecer siempre una preparación para el egreso.

El débil mental continúa con su comportamiento pasivo, receptivo pero puede agredir en la institución penitenciaria, especialmente como imitación de otras conductas y para no sentirse marginado del grupo parasocial al cual pertenece. Es un individuo fácilmente manipulable, que obedece ciegamente las órdenes de otra persona a la cual se siente ligado afectivamente.[13]

Pero esto ha sucedido porque esa persona le ha brindado su protección y afecto y también lo ha ayudado, en contraste con el núcleo familiar que lo ha rechazado y marginado. Romper esa dependencia que ha establecido el débil mental con el psicópata y lograr que sea ayudado y protegido por otras personas es parte del tratamiento e indudablemente es una tarea difícil que requiere tiempo y un permanente análisis de la situación familiar.

El diagnóstico familiar es esencial por muchos motivos, es el conocimiento de la historia personal del individuo, es la detección de la etiología de su debilidad.

Permite conocer de qué manera lo han asistido, cómo han reaccionado los diversos miembros del grupo familiar y con quién ha establecido una mejor relación.

El diagnóstico familiar permite también conocer por qué el individuo cometió el delito, cómo reaccionó la familia, si el sujeto vivía con ellos o estaba aislado.

La actitud y el comportamiento de la familia desde que el individuo ingresó a la cárcel es también muy importante. Si la familia lo visita, esto implica un interés y preocupación hacia el interno, representa de alguna manera responsabilidad y altas posibilidades de que ese núcleo familiar lo reintegre al egreso de la institución. El control post-institucional estará facilitado por el control familiar.

Si la familia no lo visita e ignora que el sujeto está en la cárcel, es importante su localización a través del Departamento de Trabajo Social, y aunque la familia lo haya rechazado,

[13] Lo notable es que generalmente están vinculados a personalidades piscopáticas.

siempre existe un miembro de la familia que desea ayudar al interno, y obviamente con ese familiar se debe trabajar para que colabore en la recuperación y asistencia del interno.

De no existir núcleo familiar por una desconexión o por un alejamiento, trabajo social debe detectar las familias que han ayudado con anterioridad al interno y se trabaja con esas personas como substitutos familiares.

Pero generalmente se observa que cuando el débil mental llega a la institución penitenciaria la familia lo ha abandonado hace mucho tiempo. La carencia de afecto, control e interés por parte del núcleo familiar constituye uno de los factores más claros de la génesis delictiva del débil mental. De ahí la importancia del estudio y el diagnóstico familiar en el tratamiento institucional.

La conducta delictiva en la vejez. Tratamiento

Diagnóstico. Los aspectos más significativos del anciano desde un punto de vista clínico, son a nuestro criterio:

- El enfrentamiento con una problemática existencial caracterizada por una grave angustia y la marginación de que es objeto dentro del núcleo familiar y social.
- El deterioro progresivo de las facultades físicas y mentales y especialmente las limitaciones en relación a las actividades.
- El aislamiento, la marginación y su vivencia del proceso de envejecimiento.
- Los trastornos [14] físicos y psicológicos que invaden toda

[14] Las observaciones realizadas sobre ancianos que han delinquido nos hacen afirmar que existe un modo particular, características de las conductas antisociales del anciano, vinculados a sus limitaciones físico-psíquicas y sociales.

Entre las conductas delictivas más frecuentes se encuentra: delitos sexuales, el deterioro de la personalidad se proyecta en las ideas y valores distorsionados de desinhibición ante las conductas de carácter sexual, especialmente en el incesto, impudicia con menores, esta conducta está relacionada a la demencia senil. Asimismo el exhibicionismo.

El anciano que comete un homicidio se caracteriza por presentar un marcado deterioro de la personalidad, relacionado a antecedentes de la personalidad y que se traduce en que son personas desconfiadas, nerviosas, hipocondriacas, con tendencia a controlar sus miedos a través de mecanismos obsesivos-compulsivos, personalidades en las que se advierte un deterioro y una regresión a conductas anteriores, en su pensamiento, en sus actos, la regresión conduce en algunos casos a comportamientos infantiles.

— La necesidad de una comunicación con el medio ambiente y con las demás personas se hace evidente a través de su ansiedad por ser escuchado, por su lenguaje maniaco y a veces confuso, por las dificultades en las relaciones interpersonales.

— Los trastornos en la esfera afectiva, su soledad y aislamiento se proyecta en las tendencias hacia una relación masoquista, o por el contrario en un comportamiento agresivo en el plano verbal y en algunos casos en el plano físico.

— El miedo a quedarse solo, aumenta considerablemente su ansiedad que trata de manejar por mecanismo psicológicos de negación a una situación presente y a una vuelta al pasado y también del mecanismo de evasión y mecanismos mágicos (ideas místicas).

---

alcoholismo y conductas paranoides; así como ideas delirantes y confusionales que desencadenan la conducta patológica violenta.

En relación a los delitos de robo en la vejez deben interpretarse como robos por necesidad. Lo realizan los ancianos deambulantes, mendigos quienes carecen de toda protección familiar y social. Se podría hablar de hurto de alimentos.

En los ancianos se observa que el tipo de estafa es simple, es decir no pertenece a una organización con fines antisociales sino que son engaños, casi de tipo mágicos, ejemplo, curanderismo, venta de objetos inexistentes. Una conducta frecuente en la ancianidad es el suicidio debido principalmente a los cuadros depresivos propios de la vejez. Asimismo cabría distinguir entre los que se consideran accidentes pero son verdaderos intentos de suicidio, por ejemplo, asfixia por gas, quemaduras, negativa a comer, miedo a dormir, aislamiento familiar. Es decir el anciano no quiere vivir.

Las fugas y el vagabundeo se manifiestan especialmente por la falta de un núcleo familiar o por la conflictiva de marginación de que es objeto el anciano. Las circunstancias de desprotección y las limitaciones físicas y de defensa que tiene el anciano lo hacen ser frecuentemente *víctima* de robos, lesiones, delitos sexuales, homicidios.

— El egocentrismo muy marcado del anciano así como las limitaciones de sus actividades, lleva a que sus relaciones interpersonales estén caracterizadas por patrones específicos, posiblemente esto se deba a la precariedad de sus aspectos sociales, el temor al rechazo de que puede ser objeto en la actual sociedad en la que él se siente extraño y no perteneciente.
— Existe una tendencia en los procesos intelectuales del anciano y que están muy relacionados a sus vivencias actuales, a volver al pasado, lo que implica para el yo del anciano una menor angustia existencial.
— El anciano presenta trastornos en la memoria, especialmente acentuación de la memoria de fijación, es decir el proceso por el cual el individuo es incapaz de recordar sucesos recientes.
— El lenguaje presenta características a veces maniaco (aumento) y en otros ancianos disminución, es decir un lenguaje depresivo.
— En el pensamiento se observa una disminución de la agilidad mental, en especial de la asociación de ideas, presenta problemas de perseveración, inhibición, bloqueo, incoherencia, todo como consecuencia del progresivo deterioro. En cuanto al contenido del pensamiento se advierten ideas obsesivas, autoreferencias, ideas narcisísticas e hipocondriacas.
— La percepción está disminuida en el anciano, por la lentitud en la captación de los estímulos y de los movimientos visuales.
— Presenta problemas en la orientación espacio-temporal, especialmente confunden el año en que viven, fechas, etc. Pensamos que quizás los problemas en la desorientación espacio-temporal serán los últimos en presentarse en los ancianos que estaría relacionado con un gran deterioro físico y psíquico, caso concreto de las demencias seniles.
— En la psicomotricidad se observan trastornos debido a que desarrollan movimientos inhibidos, con una marcada lentificación, esto debe interpretarse en el sentido de mayor deterioro físico y limitaciones en el área de mo-

vimientos (desplazamiento y actividades psicomotoras). Presenta movimientos rígidos y estereotipados o movimientos inútiles, es decir, no necesarios en determinadas tareas. Es dable observar una progresiva disminución de los movimientos, en general de sus actividades. Conductas en las que se desarrollan movimientos y esfuerzos motores están sumamente limitadas.

— En relación a los trastornos afectivos, el anciano tiende a la depresión, esto a consecuencia de su problemática existencial. La depresión está caracterizada por un abrumador sentimiento de insuficiencia y una actividad psico-física muy disminuida. Es evidente que la depresión constituye el cuadro más frecuente en los estados preseniles y seniles.

— El deterioro se observa en casi todas las áreas de la personalidad. El deterioro es la progresiva disminución de las facultades intelectuales, físicas, psicomotoras, sociales, etc., a consecuencia del proceso de envejecimiento, así se observan dificultades en los sentidos de la visión y audición, también son importantes los problemas odontológicos, problemas de insomnio, alteraciones del sistema nervioso, del aparato digestivo, reumatismo, artritis, enfermedades del aparato respiratorio, etc.

— La vivencia del envejecimiento es tan importante en las personas, que existen muchos síntomas hipocondriacos para llamar la atención y de ese modo aliviar sus tensiones.

— En el aspecto social se observa una reducción de sus intereses, dificultades para adaptarse a situaciones nuevas. Se percibe al medio social como hostil y agresivo y con una problemática en la comunicación, con lenguaje depresivo, ansioso, etc., por la marginación de que es objeto del medio social.

Tratamiento. En el plano del tratamiento penitenciario, la Clínica Criminológica es fundamental para el diagnóstico, el tratratamiento individual y familiar del anciano.

La tarea diagnóstica y el tratamiento implica aspectos difíciles desde el punto de vista médico, psicológico, familiar, más aun cuando se plantea un nivel filosófico-existencial de la vida de un hombre y de su futuro.

Hemos podido observar que en una institución carcelaria el anciano proyecta no sólo su angustia existencial ante la idea de la muerte cercana, sino que la depresión invade todo su comportamiento.

Se advierte que el ingreso a la institución y la vivencia del rechazo social provoca en el anciano una mayor conflictiva, manifestada en los siguientes síntomas:

— Insomnio por la angustia y preocupación de estar en la cárcel.
— Problemas para desarrollar un trabajo o actividad por la disminución en la conación, psicomotricidad e intereses.
— Presenta una actitud de aislamiento de los demás internos, el anciano desea estar solo y sin desarrollar actividad alguna.
— El deterioro por esa gradual inactividad repercute en todas las áreas de la personalidad, en el plano físico y psíquico.
— El anciano dentro de la prisión no manifiesta intentos de agresividad a nivel externo, ni conductas de robos pero sí una tendencia a su autodestrucción. Esto por la carencia de una estructura familiar y los sentimientos de soledad.
— El anciano en prisión sufre graves privaciones, entre ellas la inadecuada alimentación, por los problemas odontológicos y orgánicos que padece.
— La actitud hacia las autoridades es de pasividad y receptividad, la timidez y la contemplación son sus características, por lo que indudablemente no existe agresividad ni impulsividad en su conducta.
— La familia no lo asiste durante la estadía en la prisión, por ello el anciano carece, por lo general, de visitas familiares y de amigos.

— Los ancianos mueren durante el primer año en la institución carcelaria. Las condiciones de vida en prisión no son las únicas responsables, sino el abandono familiar, la marginación de que es objeto y la situación vivencial de aislamiento físico y afectivo.

Como sabemos, la Clínica Criminológica implica básicamente la individualización para llegar al diagnóstico y tratamiento en cada caso, y si nos referimos a un hombre que ha llegado a la etapa de la vejez, la aplicación de esos estudios clínicos se hace imprescindible.

Es necesario pensar que un anciano que comete un delito es un hombre que no sólo enfrenta los procesos de envejecimiento, sino su enfermedad social manifestada a través del delito.

El estudio de la personalidad y de la historia personal y familiar del anciano debe comprender los amplios aspectos gerontológicos y geriátricos para la realización del diagnóstico.

El tratamiento penitenciario entonces debe estar basado en ese diagnóstico gerontológico y geriátrico.

El tratamiento a un anciano debe plantear lineamientos totalmente diferentes del joven o del adulto, debe comprender las limitaciones en cuanto a las actividades dentro de la institución, pedagógicas y de laborterapia, así como las recreativas.

Consideramos que el *cuidado médico-geriátrico* debe orientar y supervisar todas las actividades del anciano dentro de la prisión. El lugar, el dormitorio donde permanecerá el anciano, las actividades que podrá desarrollar, etc. La psicología y la psiquiatría deben considerar como fundamentales las terapias de apoyo y de tranquilización de la angustia del individuo ante su futuro.

En lo referente al estudio familiar, el anciano es el emergente de un núcleo familiar que no lo ha protegido, que ha descuidado su asistencia, que no ha comprendido las necesidades y preocupaciones y que comúnmente lo ha marginado.

La familia rechaza al anciano y el delito es la consecuencia de esta grave marginación. Pero no obstante este rechazo se debe buscar y lograr nexos familiares o de amistad que proteja al anciano cuando egrese de la prisión.

La Criminología Clínica es entonces fundamental para la asistencia y terapia del anciano con una problemática antisocial, es lo que nos permite plantear: ¿qué ha sucedido en la personalidad de este individuo que transgredió la moral social establecida por su comunidad? y desde el punto de vista social ¿qué sucede en la estructura familia, en las instituciones para que un anciano cometa un delito?

Es evidente que paralelamente a un Criminología Clínica es necesario el enfoque de una filosofía existencial, especialmente si intentamos trabajar a un nivel de tratamiento penitenciario.

En resumen, en relación al tratamiento del anciano que ha cometido un delito podemos decir:

— El delito en la vejez implica el estudio de los procesos gerontológicos y geriátricos, es decir la comprensión del delito en relación al envejecimiento, a los sentimientos de soledad y minusvalía y la angustia ante la idea de la muerte.
— Además del envejecimiento fisiológico existe en el anciano, autor del delito, envejecimiento con enfermedad.
— Es necesario comprender la conducta antisocial del anciano como una conducta de autodestrucción, porque es evidente que rompe los vínculos familiares y de amigos, los vínculos sociales. Es una ruptura con su pasado y con su presente.
— La actitud de rechazo y marginación familiar acentúan las ideas paranoides y obsesivas de destructibidad que desencadenan en el delito. Y esto puede surgir paulatinamente desde el momento de la jubilación, el profundo *strees* que marca el paso de la actividad a la inactividad tiene consecuencias en todos los niveles, especialmente en el existencial.
— La Criminología Clínica vinculada a un enfoque filosófico existencial es la encargada de los estudios de diagnóstico del anciano, del tratamiento y terapia familiar.

Capítulo VI

TRATAMIENTO DE GRUPO

En el tratamiento de grupo en una institución penitenciaria hemos incluido:

a) Psicoterapia de grupo.
b) Tratamiento al grupo familiar.
c) Tratamiento en el grupo escolar-pedagógico.
d) Tratamiento en el grupo laboral.
e) Actividades culturales-artísticas.
f) Actividades deportivas.

Psicoterapia de grupo

La utilización de la psicoterapia de grupo en una institución penitenciaria representa un significativo valor si es adecuadamente aplicada, en cuanto a tiempo, selección de los miembros y contexto general del grupo terapéutico; de lo contrario la situación se revierte a una mayor agresividad, tensión y desconfianza a los objetivos de tratamiento.

A través de la psicoterapia de grupo se intenta explicar la variedad, complejidad y dinámica de las relaciones interpersonales, que proyecta los comportamientos manifiestos, así como las motivaciones subyacentes. A través del grupo los internos pueden verbalizar sus conflictos y mejorar las relaciones interpersonales que están deterioradas en individuos con una problemática antisocial.

La psicoterapia de grupo en una institución penitenciaria presenta varios aspectos:

Un aspecto específicamente terapéutico que tiene por objetivo preparar al interno para su *egreso* de la institución. Es muy difícil plantear la psicoterapia de grupo a nivel de individuos procesados o sentenciados ya que se reactivan las angustias y ansiedades y en una situación de encierro los riesgos son altos a nivel de conductas agresivas. Tampoco es conveniente con miembros de una misma patología, por ejemplo, ladrones, delincuentes sexuales, porque a la par de las dificultades terapéuticas el grupo cae fácilmente en la identificación dentro de la institución penitenciaria y esto conlleva a situaciones de provocación de grupo terapéutico por otros internos.

Es decir consideramos que la psicoterapia grupal es una técnica sumamente útil para preparar al interno para su salida y adaptación a su núcleo familiar y a la comunicación.

En segundo término el grupo terapéutico permite observar la evolución de las tendencias agresivas y la personalidad de cada miembro del grupo pero paralelamente también observar el comportamiento con su núcleo familiar.

En un tercer aspecto la psicoterapia de grupo implica el análisis de la técnica, las dificultades y logros de esta técnica psicoterapéutica.

El grupo terapéutico se apoya en una psicología dinámica en la cual se encuentran señalizados que el grupo se apoya en la comunicación verbal; en el grupo cada miembro individual-interno es objeto de tratamiento. El grupo mismo, es el principal instrumento terapéutico.

A través de la dinámica del grupo se analizan los aspectos cognoscitivos y racionales del grupo y observar también la emoción que puede producirse en condiciones de acción recíproca de grupo. Analizar el individuo en el grupo y el grupo como contexto de la experiencia y el campo personal.

El material producido en el grupo y las acciones e interacciones de sus miembros son analizados, comentados e interpretados por el grupo de internos. En términos psicológicos esto significa estudiar no sólo los procesos dinámicos del grupo, sino también abordar el análisis de esos procesos, que evidentemente forman parte integral de la psicoterapia. Esto implica que el tema que surga en el grupo es analizado respecto a su contenido manifiesto y a su contenido inconsciente, su significado latente.[1] Es destacar de modo articular que todas las comunicaciones y relaciones son vistas como parte de un campo total de interacción, que en este caso es el grupo y, que todos los miembros del grupo tienen una parte activa en el proceso terapéutico total.

El coordinador o terapeuta del grupo ingresa de esta manera en el proceso dinámico interpersonal e intrapsíquico y se convierte en una figura de transferencia. Ayuda a esclarecer e interpretar el contenido del material del grupo a analizar el proceso dinámico, el comportamiento y las relaciones intragrupo y su significado.

Uno de los aspectos más importantes en la psicoterapia de grupo en una institución penitenciaria es el referido a los *criterios de selección* del grupo de internos. Los principios para la selección deben estar muy claros para el coordinador o terapeuta y también para los internos de lo contrario revierte en situaciones confusionales y se acentúan los aspectos paranoicos a que están propenso las personas que viven en instituciones cerradas.

Los *criterios de selección,* esto quienes integrarán el grupo psicoterapéutico deben realizarse a través de un cuidadoso estudio de los datos-diagnósticos de cada interno y con la ayuda de otros departamentos técnicos, especialmente medicina, trabajo social y pedagogía, en el caso de que el grupo esté coordinado por el psiquiatra y por el psicólogo.

La experiencia indica que no es conveniente una selección por criterios de edad del interno, delitos antecedentes penales y una problemática específica de personalidad sino que en los criterios de selección deben estar comprendidos todos los aspectos de la personalidad del interno, de sus antecedentes familiares, del delito y principalmente de la sentencia.

---

1 Ver GRINBERG, LANGER y RODRIGUE, *Psicoterapia de grupo.* Ed. Paidós.

Las terapias de grupo que más eficazmente han funcionado dentro de la institución penitenciaria han sido las que han tenido como objetivo, además del tratamiento a los internos, la preparación para el regreso al medio exterior, a la familia, al trabajo. El grupo enseña de esta manera aspectos de comunicación muy importantes, atenúa la angustia que la situación de egreso institucional provoca en el interno y lo prepara para una reintegración familiar, laboral y con la comunidad.

Es necesario entonces que entre los objetivos del grupo terapéutico estén claramente señalados los aspectos de selección, pero esto no debe ser teoría, es decir planteado *a priori* sino en función de la realidad institucional, es decir, qué internos de los que se encuentran en la institución necesitan una psicoterapia grupal como parte del tratamiento general.

La psicoterapia de grupo debe estar apoyada por otros elementos como por ejemplo, trabajo social, el tratamiento a la familia, un mayor control de los aspectos de laborterapia, actividades culturales, deportivas, etc.

La psicoterapia de grupo permite plantear cómo está preparado este interno para enfrentar la realidad exterior a la institución, qué piensa de su futuro y qué elementos tiene para adaptarse a su familia y a su comunidad.

En una psicoterapia de grupo realizada con delincuentes extraemos las siguientes observaciones:

El primer problema fue la constitución del grupo. Los principios para la selección estuvieron basados en la experiencia criminológica y el trabajo psicológico con delincuentes, esto llevó a seleccionar un grupo homogéneo, es decir individuos que presentaban una problemática de personalidad, individuos conflictivos en el área social, que tenían internalizados valores morales y sociales distorsionados, por lo tanto no aceptaban la figura de autoridad, inestables en su trabajo, en su asistencia a la escuela (se negaban a concurrir) y especialmente su accionar era violento. En lo que respecta a la conducta delictiva ellos la justificaban atribuyendo las causas a situaciones de un medio ambiente rechazante.

Debido a la escasa resocialización obtenida y a los problemas de conducta que presentaban se les habían negado los permisos que marca la ley por ser individuos con alta posibilidad de reincidencia.

En el estudio de la selección de los integrantes de grupo se realizó un análisis preliminar que consistió en entrevistas individuales a cuarenta internos, análisis de múltiples variables entre las que podemos mencionar: edad, escolaridad, sentencia, antecedentes penales, problemática básica de personalidad y características del núcleo familiar. Cabe señalar que una variable importante para la preselección lo constituyó el tiempo que faltaba al interno para su salida preliberacional y su libertad condicional (tiempo similar en todos los integrantes del grupo). De las cuarenta entrevistas individuales se obtuvieron ocho miembros que integrarían el grupo terapéutico.

El grupo se estructuró como grupo cerrado,[2] es decir no se permitiría el ingreso de nuevos miembros y los integrantes originales permanecerían hasta el final de la terapia. Pensábamos, al decidir que el grupo sería cerrado, que se podía prever un mejor ambiente para la terapia intensiva, además sabemos desde el punto de vista psicológico que los delincuentes tienen una historia personal caracterizada por figuras cambiantes y sumamente discontinuas, era necesario entonces que el grupo tuviera una atmósfera de seguridad y con figuras estables.

El grupo estaba integrado por ocho internos (cuatro por delitos de homicidio y cuatro por delitos de violación) un coordinador terapeuta y un observador no-participante que tenía también como función tomar notas del material proyectado en el grupo.

Las sesiones se desarrollaban una vez a la semana y la duración de las mismas era de una hora y media. El lugar de reunión (era siempre el mismo) era el consultorio de psicología ubicado en la sección clínica de la institución penitenciaria.

El grupo se sentaba en círculo junto con el coordinador y el observador; los asientos eran individuales. La sala tenía

---

[2] Ver RUESCH, *Comunicación*. Ed. Paidós, Buenos Aires, así como BION, *Experiencias en grupos*. Ed. Paidós, Buenos Aires.

una atmósfera tranquila, con mucha luz, de ambiente impersonal y de tamaño suficiente para contener un pequeño círculo, donde los miembros del grupo pudieran sentarse para una conversación fácil. Todos los miembros del grupo estaban visibles. El coordinador también era visible a los miembros del grupo.

Debe señalarse que no fueron dadas instrucciones o programas porque queríamos que todos los temas surgieran espontáneamente de parte de los internos.

Se llevaron a cabo 28 sesiones. Paralelamente a la psicoterapia de grupo se llevó a cabo un programa que tendía a una intensificación de las relaciones interno-familia. Es decir interesaba particularmente que el tratamiento condujera a una progresiva reintegración del interno con su núcleo familiar pero también que la familia comprendiera el alcance y la problemática del interno.

Sabemos que es muy importante el conocimiento de la estructura familiar, el rol de la familia en lo que se refiere a la salud mental del interno y la familia como portadora de ansiedad y conflictos y como orientadora hacia la conducta delictiva. En nuestro trabajo psicológico con internos siempre hemos considerado al delincuente como emergente del grupo familiar. Es por ello que se programaron una serie de visitas, en primer lugar trabajo social realizó el estudio familiar y el estudio victimológico. Posteriormente y luego de orientaciones al núcleo familiar se preparó a la familia para que recibiera al interno de una manera progresiva. Se llevó por lo mismo en "visitas especiales" que consistían en que el interno iba a su domicilio familiar acompañado de un trabajador social y de un custodio, ahí permanecía una o dos horas.

A medida que los internos iban entrando en forma paulatina en el régimen de preliberación, el intervalo de permanencia con su núcleo familiar se ampliaba. Permisos de fin de semana, los internos pasaron a vivir en el régimen de mínima seguridad (institución abierta). Finalmente salida de preliberación.

El tratamiento de grupo provocó modificaciones importantes en la conducta del interno, especialmente en el área de las relaciones interpersonales, esto se pudo observar a través del comportamiento real del interno en la institución, menos agresivos, estables y comunicativos con los demás internos y con el núcleo familiar.

En resumen, la psicoterapia de grupo en una institución penitenciaria implica un marco de referencia y metas que conduzcan a la rehabilitación del individuo con problemas antisociales.

La utilización de la psicoterapia de grupo como técnica de preparación para el egreso del interno, es según nuestra experiencia un medio eficaz del tratamiento.

El análisis de la dinámica del grupo permite observar el significado de roles de los internos así como el proceso de comunicación a través del interjuego de proyección-introyección. Especialmente referido a la conducta delictiva.

Tratamiento al grupo familiar

La detección de la problemática familiar del interno, es decir el conocimiento de las relaciones interpersonales del grupo familiar permiten el tratamiento del interno y del grupo familiar.

Claro que depende este tratamiento de las características familiares, de la relación interno-familia para la aplicación de las medidas de tratamiento y las medidas preventivas.

El tratamiento al núcleo familiar comprende básicamente:

— Consciencia por parte del núcleo familiar de la problemática, de la situación en la que se encuentra el interno.
— Consciencia de los procesos que han llevado a un miembro de la familia a la conducta delictiva.
— Asistencia a la visita familiar penitenciaria como parte importante de la comunicación interno-familia.
— Orientación y explicación a miembros de la familia del tratamiento individual que se lleva con el interno.
— Explicación a los miembros de la familia del tratamiento educativo, médico, psicológico y de laborterapia, que desarrolla el interno.

— Orientación a la familia en relación a problemas victimológicos, de acuerdo a medidas preventivas.
— Terapias familiares con la participación del interno.

La psicoterapia familiar es un método especial de tratamiento de los desórdenes emocionales, y su ámbito de intervención no es el paciente individual sino la familia como un todo. El proceso de la psicoterapia se centra en los efectos interdependientes de múltiples perturbaciones que existen dentro del grupo. Esta psicoterapia se ocupa de las relaciones entre las funciones psicosociales de la unidad familiar (en este caso delincuente y los miembros de la familia).[3]

El tratamiento familiar implica establecer una relación entre los procesos familiares y el conflicto social y emocional que ha provocado el delito.

Según Ackerman, la psicoterapia familiar aclara los procesos mediante los cuales la familia asiste o perjudica el desarrollo individual y también aquellos por las cuales el individuo apoya o lesiona el desarrollo familiar.[4] La psicoterapia familiar está íntimamente relacionada a la salud social y mental y combina los esfuerzos del tratamiento con los objetivos de prevención de la enfermedad social.

Si consideramos el hecho de que un miembro de la familia haya cometido un delito y se encuentre en una institución penitenciaria, es indudable que esta situación puede considerarse como crítica para la familia. Es una situación crítica familiar (y por supuesto para el interno) que afectan profundamente las relaciones interfamiliares, cualquiera que haya sido la relación anterior entre los miembros de la familia (de marginación, rechazo, aceptación, integración, etc.).

Por lo anterior la psicoterapia del grupo familiar es una técnica muy valiosa en las instituciones penitenciarias porque fortalece la terapia individual y replantea nuevas relaciones entre el interno y la familia apoyado en el análisis de las relaciones pasadas y presentes.

---

[3] Ver Ackerman y otros, *Teoría y práctica de las relaciones familiares*. Ed. Protea, Buenos Aires, 1970.

[4] Ver Ackerman, *ob. cit.*

Se debe partir, en la mayoría de los casos de que esta familia que tiene un miembro en la cárcel es una familia que está en crisis, entendiendo esto a la conflictiva interfamiliar que ha provocado la situación de confusión y violencia. Los miembros individuales de la familia se hacen más vulnerables frente a la destrucción emocional y social.

La ruptura del equilibrio familiar y social que ha provocado el delito tiene en sí muchos efectos entre los más frecuentes, la disgregación familiar, la marginación y rechazo hacia el miembro familiar agresor (esto es el delincuente), la depresión y la culpa, hasta situaciones de nuevas agresiones y conductas de venganza. Prevalecen dentro de la familia aspectos emocionales de duda, desconfianza y un intenso temor y miedo. En los casos de que el delito se haya producido dentro del grupo familiar, es decir autor y víctima pertenecen a la misma familia se acentúan y agravan los conflictos, ansiedades y situaciones paranoicas.

La psicoterapia familiar permite conocer las perturbaciones del individuo que ha cometido un delito a través de los miembros de la familia, esto significa un acercamiento al contexto donde surgió y se desarrolló la problemática que desencadenó el delito.

Pero debe aclararse que la Psicoterapia familiar asiste al interno-delincuente pero paralelamente a la familia, al decir de ACKERMAN no cura a una parte de la familia a expensas de la otra, sino que asiste a ambas.[5]

La terapia familiar destaca la importancia del contagio emocional, en especial el de la ansiedad en el intercambio familiar. Se concentra categóricamente en la transmisión del conflicto patógeno de individuo a individuo y de generación a generación. Proporciona un marco natural para el choque continuo entre la fantasía y la realidad y ofrece un canal eficiente para desprenderse del dolor y la desilusión. Trata las disparidades existentes entre el ser interior y exterior, el interjuego del conflicto intrapersonal e interpersonal y la relación

---

[5] Ver ACKERMAN, *ob. cit.*

entre las defensas individuales y familiares contra la ansiedad que pueden ser recíprocamente concurrentes y antagónicas.

La terapia familiar trata dentro de un mismo enfoque los elementos de identidad y diferenciación, de unidad e individualización, existentes entre los miembros de la familia. Enfrenta el interjuego de las múltiples perturbaciones que hay entre los integrantes del grupo familiar, ofreciendo un método eficaz para el alivio de la culpa, mediante la intervención en el círculo vicioso del reproche y acusación por hechos del pasado. Proporciona una matriz emocional para acrecentar la comprensión, el respeto y la estima mutuos.[6]

La terapia familiar impide la división de los miembros en fracciones combatientes y provee una defensa contra los efectos destructivos de la búsqueda de víctimas propiciatorias (o la inculpación de un solo individuo como es dable observar ante el delincuente). Disminuye la explotación del beneficio secundario de la enfermedad (en este caso el delito) y abre caminos para nuevos tipos de sentimientos, acciones y reacciones. Asimismo la terapia familia establece los principios de adaptación dinámica al cambio y restructura las relaciones familiares.[7]

El marco o contexto donde se desarrolla la terapia familiar, es indudablemente la institución penitenciaria en un lugar propicio a la comunicación como puede ser la clínica o una sala, o aula.

Se cuenta, previo al inicio de la terapia familiar, con el estudio y observación realizado por trabajador social de la familia dentro de su marco y contexto natural o sea la casa y medio social, lo que permite el diagnóstico familiar, la interactuación entre los miembros del grupo familiar de un modo más libre y espontáneo, es decir se observa el funcionamiento total de la familia, las actitudes, imágenes y expresiones hacia el interno y las consecuencias que ha producido en la familia el delito.

La tarea principal del terapeuta del grupo familiar (que puede ser un médico, psicólogo o trabajador social) es la de

---

[6] Ver ACKERMAN, *ob. cit.*

[7] Ver ROSS SPECK, *Terapia familiar en el hogar,* en ACKERMAN, obra citada.

reorientar la comunicación dentro del grupo familiar. Asimismo se debe prestar atención cuidadosa a la conducta no-verbal de los integrantes de la familia.

Debido a los graves problemas familiares que presentan los delincuentes es muy difícil que asista toda la familia a la institución penitenciaria, por ello se trabaja en las terapias de grupo familiar con los miembros que asisten pero "incluyendo" a toda la familia en el análisis. Como hemos señalado en los aspectos de diagnóstico, cuando una familia asiste a la institución, por el hecho de ir, esto ya implica la atención y ayuda al interno como una toma de consciencia de la situación que ha provocado el delito. En la medida que la familia se margina y rechaza al interno las dificultades a nivel terapéutico serán mayores, porque están evitando un enfrentamiento con la realidad.

Si bien hemos señalado que la terapia del grupo familiar se lleva a cabo dentro de la institución penitenciaria, esto no necesariamente es algo rígido, sino que también se puede llevar a cabo asistiendo el interno conjuntamente con los terapeutas a la casa de la familia. Esto tiene sus ventajas en el hecho que permite una mayor flexibilidad de todos los miembros de la familia ya que están en su contexto, pero tiene la desventaja de que se percibe al interno fuera del grupo, es "el que vive en la cárcel", "el que llega". Es decir, depende del tipo de familia, de las características, del diagnóstico del tipo de delito realizado (dentro o fuera del grupo familiar) para poder esclarecer el valor de la terapia en la institución penitenciaria o en la casa del interno.

Claro que también hay variantes, ya que la terapia puede iniciarse dentro de la institución penitenciaria y continuarse en la casa del interno, cuando éste se encuentra en la modalidad de salidas o permisos pre-liberacionales; en las fases de permisos post-institucionales.

Cada familia, al igual que cada individuo es diferente, cada familia es única en sus procesos de desarrollo y evolución e interactúan entre sí y con el medio exterior también de una manera única. Esto significa que el terapeuta debe tener presente la historia familiar, el desarrollo y las dificultades de cada familia pero especialmente que la familia, como cada individuo que la integra, está en una permanente evolución y desarrollo.

Es muy probable que al tratar a la familia observemos actitudes y conflictos ya revelados por el interno, esto es problemas graves en la comunicación, relaciones interpersonales inestables y conflictivas, un sentimiento de marginación, soledad y aislamiento y pautas morales y culturales confusionales, así como distorsión en la figura de autoridad y sentimientos de carencias de afectos. Estos conocimientos ayudarán en la terapia familiar porque se sabrá el enfoque y donde se deben acentuar los procesos de comunicación y la atenuación de las ideas paranoides dentro del grupo familiar, que permitirán una comunicación más directa, más franca entre los miembros, así como un sentimiento de confianza y seguridad.

La terapia familiar debe estar enfocada principalmente al tema de la violencia y cómo controlarla dentro del grupo familiar, vista como un elemento de autodestrucción, especialmente en los casos en que el delito se haya cometido en el grupo familiar.

Tratamiento en el grupo escolar-pedagógico

La Asociación Americana de Prisiones distingue cuatro fases en la educación de los internos:

1. La escuela académica a partir del nivel de alfabetización, abarca enseñanza primaria y secundaria básica.
2. Incluye cursos académicos adecuados a nivel medio de los internos e instrucción general y técnica.
3. Cursos por correspondencia y televisión que pueden ser seguidos por los internos y supervisados por maestros de la institución. Ejemplo: idioma.
4. Enseñanza vocacional de oficios y profesiones, es decir laboral. Ejemplo: electricidad, mecánica, etc.

Hemos señalado en el capítulo de diagnóstico la importancia de la asistencia pedagógica a los internos, para su formación y superación, pero también para la comprensión de los aspectos culturales y humanos. Por ello la formación de grupos escolares-pedagógicos resulta indispensable en el tratamiento institucional penitenciario.

La individualización de la enseñanza, el estudio de las características de cada interno y su integración al grupo de enseñanza es una tarea del maestro especializado en educación para adultos infractores y con una problemática delincuencial. Dependiendo de la edad, nivel escolar alcanzado, tiempo probable de reclusión, etc., el maestro asignará a cada interno un programa pedagógico dentro del programa grupal, aplicando los nuevos sistemas de Orientación individualizadora, del *Plan Dalton, Sistema Winnetka,* Fichas y enseñanza programada, estos dos últimos son los que al parecer más se adaptan a la institución penitenciaria, pues están apoyados en la capacidad e interés de cada interno dejando que el alumno avance sin la necesidad de esperar a sus compañeros, es decir al grupo que cambia de acuerdo a los ingresos y egresos de la institución.[8]

— El tratamiento a través del grupo escolar-pedagógico representa la formación de cada interno en dichos aspectos pero también implica la tarea en conjunto de normas educativas importantes que el interno no ha tenido la posibilidad de recibir anteriormente.
— El tratamiento escolar-pedagógico permite que el individuo participe en múltiples actividades guiados por un maestro especializado, por ejemplo, la lectura de libros, revistas, la constitución de una biblioteca, el uso de ella, la participación en eventos y reuniones en relación a fechas patrias, el valor simbólico que ellas revisten y que el interno anteriormente ha rechazado o no ha participado en ellas. Estas reuniones son muy útiles para explicar al interno y hacerle tomar consciencia de los valores de la cultura, de la historia de su pueblo, del arte y de la cultura, al cual él pertenece.

[8] Ver Chavarría, T. y Gutiérrez, Cristina, "La educación en instituciones preventivas", *Rev. Criminología Nº 5,* México.

— Es indudable que el tratamiento escolar-pedagógico llevado a cabo con el interno producirá consecuencias en la actitud que éste tenga sobre la educación y estudios de sus hijos, de la familia. Comprenderá la importancia del aprendizaje como un medio para lograr mayores posibilidades de comunicación para él y para la familia.

Tratamiento en el grupo laboral

Los grupos de trabajo en una institución penitenciaria están formados en base a los deseos, aptitudes, capacidad y necesidades de cada interno. El trabajo tiene un fin formativo y social y el interno recibe por su trabajo una remuneración.

El trabajo en una cárcel es laborterapia ya que debe desarrollarse teniendo como objetivo la capacitación del interno y no la explotación del mismo para un beneficio; debe servir de formación profesional teniendo en consideración que en libertad le sea de utilidad para satisfacer necesidades propias y de la familia. A través del trabajo el individuo tendrá que ser educado en las aptitudes particulares, por lo que deberá desarrollarse en él interés hacia la actividad agrícola, artesanal, de servicios, industria, etc., de acuerdo a las condiciones especiales de cada institución.[9]

El trabajo, es una de las actividades más importantes para el tratamiento del interno y por lo mismo debe ser una actividad encaminada a la integración social del individuo y no únicamente a la obtención de la máxima utilidad por parte de la institución penitenciaria, la finalidad principal no es la económica sino que ésta es complementaria.

El trabajo es entonces un medio eficaz para la readaptación social del interno, según sus aptitudes y tiene un fin terapéutico y de sostenimiento económico.

---

[9] Ver Gonzalo Higuera Vidal y G. Andrade, "Proyecto de instalación de industrias en los centros de rehabilitación y problemas de producción, comercialización y suministros de materias primas", *Rev. Mexicana de Prevención y Readaptación Social,* 1975.

Dentro del trabajo desarrollado en las instituciones penitenciarias se puede observar, señalan HIGUERA y ANDRADE [10] dos clases de trabajo propiamente dichas: el trabajo penitenciario interior, que es el que se desarrolla en las instituciones y el trabajo extrapenitenciario que se encuentra dentro de las modalidades de la libertad intermedia. Como sistema de trabajo en el interior de los planteles distinguen: *a)* sistema de administración, *b)* sistema de empresa o por contrato.

En el sistema de administración, la organización y vigilancia del trabajo queda a cargo de la administración penitenciaria, la cual adquiere la materia prima así como los instrumentos de trabajo que dirige la fabricación y busca el mercado de producción. Este sistema se presenta más adecuado a la idea de tratamiento penitenciario, ya que coloca en la base del mismo el concepto de reintegración al grupo social; no obstante también presenta desventajas, puesto que exige una dirección con capacidad industrial y mercantil, no reporta al Estado la seguridad económica que da el sistema por contrato y corre el riesgo de desviar la atención de la administración penitenciaria hacia un régimen de producción industrial, con la exclusiva finalidad económica.[11]

En el sistema por contrato, el Estado cede el trabajo del interior a un contratista mediante el pago de una cantidad por vía de trabajo, el contratista vigila y distribuye el trabajo, suministra la maquinaria y la materia prima y vende el producto al público, los internos trabajan bajo la vigilancia de los funcionarios penitenciarios pero también bajo la dirección del contratista y no con un criterio de reintegración social derivado de la observación y conocimiento de la personalidad del interno.[12]

El sistema más conveniente sería el de administración cuidando de no incurrir en las posibles inconvenientes indicados.

Asimismo es contraproducente a nivel de laborterapia el trabajo como pasatiempo improductivo, que se programa con

---

10 Ver HIGUERA y ANDRADE, *ob. cit.*

11 HIGUERA, V., *La contabilidad y la administración en una institución penitenciaria.* Universidad Estado de México, 1973.

12 Ver HIGUERA, V. y ANDRADE, *ob. cit.*

el único fin de ocupar el tiempo del interno (esto se observa muy frecuentemente en las cárceles de mujeres) se desarrollan labores diversas. Ejemplos clásicos son: el bordado, la decoración, el tejido manual, etc.

El trabajo como pasatiempo productivo, también es contraproducente a nivel de laborterapia ya que aquí se estima el trabajo como pena accesoria, y como aprovechamiento del tiempo libre de los internos y de la mano de obra disponible y es por ello que se realizan actividades diversas que implican primordialmente trabajo en obras públicas pero que no obstante siguen significando un pasatiempo en la vida ocupacional del interno, su presencia sí supone trabajo no retribuido.[13]

Se ha comentado, refieren HIGUERA y ANDRADE [14] que el *salario* ideal debería ser cuando menos el salario mínimo que prevalece en cada región, sin embargo, como la institución proporciona alimentación, vestuario, gastos de mantenimiento, etc., se considera que estos gastos más el salario que perciben es mayor que el salario mínimo establecido. Del sueldo que perciben los internos se recomienda descontar el 50% para la familia del interno (con el control de la administración de la institución y el Departamento de Trabajo Social), el 20% para la reparación del daño en caso dé que exista, el 10% como contribución al sostenimiento de la institución, el 10% para su fondo de ahorro y el último 10% para los gastos menores que tenga el interno y que lo maneje él dentro de la institución. El fondo de ahorro es conveniente que sea depositado en una institución bancaria, la cual les proporcionará un interés y les será entregado en su totalidad cuando salgan de la institución o bien en caso de necesidad de acuerdo al criterio de las autoridades.

Las diferentes situaciones jurídicas guardan también diferentes aspectos en relación al trabajo, así el *interno procesado* se encuentra en una situación jurídica que en cualquier momento puede ser puesto en libertad o ser sentenciado. Esto hace que el trabajo que debe realizar esté comprendido en una

---

[13] Ver HIGUERA, V. y ANDRADE, *ob. cit.*
[14] Ver HIGUERA, V. y ANDRADE, *ob. cit.*

labor de fácil y rápido aprendizaje, de preferencia de tipo industrial o semi-industrial, esto en los casos de internos que provienen de zonas urbanas. El supervisor de trabajo debe a través del diagnóstico laboral canalizar al interno hacia el taller que más corresponda a sus aptitudes para que rápidamente aprenda un oficio (de no tenerlo) o se capacite en cursos de especialización o maquinaria. En lo referente al interno que proviene de zona rural, y que trabaja en tareas agrícolas y ganaderas, es conveniente cursos de asesoramiento en cuanto a siembra, cultivos, semillas, tipos de animales, enfermedades en diferentes especies y el complemento a estos cursos teóricos-prácticos con un área dentro de la institución de cultivos experimentales, así como un área de ganadería.

En los *internos sentenciados* debido a que su situación está claramente definida se lo canaliza según las aptitudes y de acuerdo a su estudio y diagnóstico laboral, a un taller ya sea industrial, semi-industrial, agropecuario o de servicio. Se podrá por lo tanto planear y programar de modo más conveniente su capacitación. Se debe tomar en cuenta que los internos que se encuentren sentenciados a largos periodos deberán de llevar a cabo una rotación de trabajo, con el objeto de que aprendan diversos oficios, pero esto no es indispensable, está muchas veces de acuerdo a la personalidad del interno, ya que él se puede sentir más seguro y tranquilo desempeñando un solo oficio que es el que prefiere.

En resumen el tratamiento en el grupo laboral debe llevarse a cabo con un fin terapéutico y esto representa que el personal a cargo de la coordinación y capacitación laboral tiene la misma función que el maestro de la escuela o el psicólogo encargado de la psicoterapia, es en sí un personal que realiza una tarea de tratamiento, en este caso de tratamiento laboral.

Las actividades culturales-artísticas

Las actividades culturales-artísticas son importantes no sólo por los aspectos culturales que se transmiten sino también porque representan también elementos de terapia.

La trabajadora social JULIA SABIDO [15] una de las personas que más ha trabajado en organización de actividades y programas artísticos-culturales dentro de las instituciones penitenciarias señala varios puntos esenciales en estas actividades:

— Cada programa artístico-cultural debe ser supervisado por el Consejo Técnico Interdisciplinario, ya que el psicólogo y el psiquiatra lo analizarán desde el punto de vista de terapia de grupo, el médico general desde la constitución física del interno, el pedagogo desde el punto de vista formativo-educativo, el jefe de vigilancia de la disciplina, el administrador desde un enfoque económico, el trabajador social como forma de trabajo de grupo y ocupacional y el director y sub-director desde el punto de vista general de la estructura interna de la institución.

— Es necesario que el personal que desarrolle las actividades artístico-culturales sea especializado en la materia, es decir, en arte, danza, música, etc., y que el programa esté de acuerdo a los lineamientos de la institución.

— No es recomendable que un interno aunque domine la materia dicte la clase o coordine la actividad cultural, debido a que se establece una jerarquía entre los internos que posteriormente traerá consecuencias, especialmente en la comunicación interna y en los aspectos psicoterapéuticos.

— Las actividades artístico-culturales más esenciales son: artes plásticas, música, danza folklórica, teatro, literatura, cine.

— En *artes plásticas,* señala J. SABIDO que aun cuando dentro de este campo se consideran la arquitectura, la escultura y la pintura en la institución penitenciaria se toman en consideración las dos últimas ya que son las que permiten la proyección estética del sujeto en una forma integral y espontánea. En artes plásticas se debe

[15] Ver JULIA SABIDO, "Las actividades artísticas culturales, planificadas en el tratamiento de rehabilitación", *Rev. Criminología,* Estado de México, 1978.

tener en cuenta la expresión libre, no dar ninguna regla establecida, simplemente impulsarle a que pinte o esculpa lo que sienta.[16]

— Se utilizan diversas técnicas: acuarela, pintura hecha con colores disueltos en agua. Oleo, la hecha con colores mezclados en aceites especiales. Pastel, la que se hace sobre papel con lápices blandos, pastosos que se asemejan al gis o tiza. Temple, con agua cola, huevo y diferentes resinas

— *Música.* En esta actividad J. SABIDO[17] toma en consideración dos aspectos:

a) Integración individual y de conjunto. Señala que en la prisión es necesario crear en los internos el gusto por la música tradicional, pero siempre con un contenido positivo que le enseñe valores culturales y morales. También los internos tratarán de formar conjuntos y esta inquietud debe ser encausada también a valores positivos.

b) Composición. Esta forma de expresión musical ofrece grandes posibilidades de educación, ya que dentro de la institución penitenciaria pueden organizarse eventos con un tema específico que haga desarrollar en el interno su creatividad.

— *Danza folklórica.* J. SABIDO[18] manifiesta que la danza es una de las mejores expresiones estéticas ya que le permiten con el ejercicio romper la rigidez y adquirir mayor agilidad y elasticidad corporal. En la programación de la danza folklórica se toma en consideración la danza folklórica tradicional de los pueblos en que proceden los internos, cómo se realizan las festividades tradicionales. En la interpretación de la danza folklórica deben

---

16 Este material también constituye una auténtica proyección de los aspectos de personalidad del interno y puede ser de gran utilidad para el psicólogo que tiene a su cargo el tratamiento de ese interno.

17 Ver JULIA SABIDO, *ob. cit.*

18 Ver JULIA SABIDO, *ob. cit.*

tenerse cuidado, dice J. SABIDO, en el tipo de población que se tiene si es masculina o femenina, tomarse muy en cuenta y evitarse siempre el hecho de reunir internos con internas ya que esto se presta a problemas emocionales y confusionales. Para desarrollar esta actividad se solicita un grupo de jóvenes del exterior que quieran colaborar con el grupo de danza de los internos. Sin embargo antes de iniciar el desarrollo del aprendizaje y la enseñanza debe orientarse a estas jóvenes en cuanto al tratamiento institucional.

— *Teatro.* Analizando las grandes inhibiciones que los internos plantean en su personalidad, J. SABIDO [19] señala al teatro como una de las terapias de mayor importancia, ya que, a través de la catarsis que produce, hace que una gran parte de la problemática del interno, pueda actuarse y dramatizarse.[20] J. SABIDO distingue:

- *Actuación:* ésta debe ser planificada primero por la improvisación, en seguida con obras cortas de un acto y por último obras de dos o tres actos, con un contenido educativo.
- *Creación de obras:* dentro de la prisión existe siempre la inquietud de escribir y ésta puede ser una forma de encauzar una terapia de grupo pero supervisando el contenido de la obra, por la tendencia de los internos a caer en temas de autodestrucción.[21]
- También la *elaboración de escenografías,* se realiza con la colaboración de los internos que participan en grupos de artes plásticas. La escenografía debe ser simple y tendiente a una identificación con los aspectos del interno.

---

19 Ver JULIA SABIDO, *ob. cit.*

20 Ver JULIA SABIDO, *ob. cit.*

21 Ver OROZCO GRACIELA, "Las actividades artísticas como apoyo en la rehabilitación penitenciaria", *Rev. Criminología Nº 13.* Orozco se refiere a la historia del teatro, a las disciplinas teatrales, responsabilidad, mecánica de movimiento, dicción, actuación a la escenografía, utilería, vestuario, iluminación, etc.

—*Literatura.* J. Sabido en esta actividad artística distingue:

a) Taller literario de *poesía.*
b) Taller literario de *prosa.*

Estos talleres deben ser guiados por una persona con conocimientos gramaticales y literarios, para orientar a una literatura formativa. No debe haber censura ya que para el interno escribir es una forma de proyectar sus ansiedades y problemas, existiendo la tendencia a escribir sobre los problemas de la prisión.

c) La formación de *Biblioteca* es muy importante como un medio cultural y educativo.

—*Cine.* En la institución penitenciaria el cine ofrece aspectos valiosos para la formación del interno. Se debe tratar de seleccionar las películas con un sentido formativo. Posteriormente analizarlas en los aspectos de argumento, actualización, fotografías, etc.

—*Espectáculos culturales-artísticos.* Es frecuente que grupos culturales y artísticos asistan a la prisión a llevar su obra. Esta representa un nexo muy valioso para los interno y más aún por ser de índole cultural. Pero debe estar siempre supervisado en que realmente sea un espectáculo con contenido social y formativo y rechazar un espectáculo que pueda crear situaciones de angustia. Asimismo también es necesario presentar y explicar el contenido del espectáculo a los internos, especialmente si está expresado a través de formas simbólicas.

Actividades deportivas

Es innegable que las actividades deportivas forman parte de las terapias recreativas-deportivas que constituyen uno de los elementos más útiles para la comunicación interpersonal en la institución penitenciaria. Es decir no solamente implica el desarrollo de la psicomotricidad y la coordinación muscular sino es una actividad de integración de grupos.

Las actividades deportivas más practicadas en una institución penitenciaria siempre guardan relación con las más aceptadas dentro del medio social, cultural y económico (y geográfico) al cual pertenece el individuo. Ejemplo: individuo que proviene de la costa es muy probable que sea un buen nadador.

Entre los deportes que se practican dentro de la institución penitenciaria podemos mencionar:

— *Futbol.* Es una de las actividades más atractivas para el interno y permite además de desarrollar su habilidad individual una integración al grupo. Dentro de la institución se pueden formar diferentes equipos también de distintas categorías, de acuerdo a la reglamentación que tenga la comunidad. Siempre es conveniente que los equipos estén afiliados a una liga de futbol del exterior y por lo tanto jueguen con equipos del exterior en el propio campo deportivo de la institución. De esa manera se integran grupos dentro de la institución y se evitan problemas y agresiones entre los mismos internos, que comienzan dentro del campo de futbol y se desencadenan, a veces violentamente, en otras áreas de la institución. La programación de las actividades y entrenamiento es conveniente que esté bajo la supervisión de un maestro de educación física, dependiente de la Secretaría de Educación.

— También el basquetbol es una de las actividades de conjunto que se desarrollan dentro de la institución. Asimismo el volibol.

— El beisbol también es un deporte atractivo para los internos y que tiene las mismas ventajas de tratamiento individual y grupal que el futbol y el basquetbol. Siempre que se juegue con equipos del exterior.

— El boxeo, aunque popular no es un deporte que debería practicarse en una institución penitenciaria, porque fomenta la violencia y en los objetivos de cualquier tratamiento penitenciario está intentar que el individuo delincuente controle su violencia. El boxeo no es canalización de violencia, es la violencia y consideramos que es contraproducente para la formación educativa del interno. En el mismo esquema entra el karate.

— El atletismo en sus diversas formas son actividades importantes y deben estar programadas, con instructores especiales en las diversas especialidades.
— El ajedrez es una actividad que comprende los programas deportivos en una institución penitenciaria. Es conveniente enseñarla a personas que imposibilitadas físicamente no pueden desarrollar otras actividades deportivas.

Tratamiento institucional

El tratamiento institucional integra y está intercorrelacionado con todas las áreas y niveles de la institución penitenciaria, representa los objetivos de rehabilitación y educación del individuo con una conflictiva social.

El tratamiento institucional implica un trabajo de coherencia en todas las áreas con el fin de la readaptación social del interno. Fundamentalmente la tarea interdisciplinaria de todos los departamentos técnicos, la capacitación del personal,[22] esto es la selección y preparación de todo el personal en las diferentes funciones con objetivos claros y definidos de lo que debe hacerse y el por qué, según las tareas de diagnóstico y de tratamiento individual y grupal.

Asimismo el tratamiento institucional comprende:

— La integración del Consejo Interdisciplinario.[23, 24]
— La delimitación de áreas, en función del diagnóstico y tratamiento de áreas de máxima, media y mínima seguridad. Así como áreas abiertas de autogobierno.

---

22 Ver ADATO DE IBARRA V., *ob. cit.*

23 Ver BARRETO, G., *Integración y funcionamiento de consejos técnicos interdisciplinarios.* V Congreso Nacional Penitenciario, México, 1974.

24 RODRÍGUEZ MANZANERA, L., *ob. cit.*

— Teniendo en consideración las características de la población, el tratamiento institucional requiere de una clasificación clínica-criminológica, según los criterios que considere conveniente el Consejo Interdisciplinario.

— Tiene a su cargo y responsabilidad el diagnóstico, tratamiento y prevención.

Capítulo VII

PERSONALIDAD DE LA MUJER DELINCUENTE

A casi un siglo del estudio sobre la mujer delincuente realizado por César Lombroso y Guillermo Ferrero en el año 1891, aún existen muchísimos interrogantes sobre las características de la conducta delictiva en la mujer.

En Torino en 1893 se publica "La donna delincuente, la prostituta e la donna normale".[1] Lombroso y Ferro realizan en este trabajo una descripción de estas mujeres donde manifiestan que la mujer delincuente se caracteriza por sus rasgos infantiles, gran crueldad y carácter vengativo; y en cuanto a la comisión del delito procede de acuerdo con un plan cuidadosamente preparado, prefiriendo la instigación a la actuación por sí misma.

Posteriormente se publican estudios e investigaciones entre los que cabe mencionar, los trabajos de Verkko donde señala en un estudio estadístico realizado en mujeres, que todo aumento o disminución de la criminalidad, relacionada a problemas sociales y económicos se refiere principalmente a la delincuencia masculina, sin afectar el índice de la delincuencia femenina.[2]

Hans Kjaersgaard manifiesta que los rasgos específicos de la mujer que limitan la delincuencia femenina son: falta de voluntad, timidez, falta de independencia; y los rasgos que influyen son: intensa vida emocional, propensión hacia los estados

---

[1] Ver Lombroso y G. Ferrero, *La donna delincuente, la prostituta e la donna normale*. Ed. Torino, 1893.

[2] Hurwits, *Criminología*. Ed. Ariel, Barcelona, 1956.

histéricos, insensibilidad y falta de desarrollo del sentimiento social.[3]

Los minuciosos estudios descriptivos de M. CHOISY[4] sobre psicoanálisis de la prostitución; de GLOVER[5] en un estudio analítico sobre la prostitución y las características psicológicas, señalando la manifestación regresiva que indica retraso en el desarrollo. Los amplios estudios de KARPMAN[6] sobre los componentes de la personalidad del delincuente sexual y los trabajos de GROSS[7] y HENRY sobre violación. Asimismo los estudios de BROMBERG,[8] KINSEY, SUTHERLAND,[9] FERRACUTTI[10] y ALFONSO QUIROZ CUARÓN marcan importantes avances en la comprensión de la delincuencia femenina.

Por lo general se ha considerado que el delito de la mujer es una conducta aislada, casi de tipo pasional y que en relación al hombre las conductas antisociales son mínimas. Sin embargo en las últimas tres décadas el delito de la mujer ha aumentado firme y progresivamente en una proporción de 1/50, 1/20 y hasta 1 a 10 en relación al hombre, especialmente en países latinoamericanos.

En este trabajo intentaremos presentar los siguientes aspectos de la mujer delincuente:

— Las conductas delictivas más frecuentemente observadas.

---

3 Ver HURWITS, obra citada. Hurwits se refiere a un factor biológico ya que la fuerza física inferior de la mujer debe influir en diversas formas sobre su criminalidad, aunque señala que los factores sociológicos son más realistas como explicación de la menor delincuencia femenina, la mujer goza de una mayor protección ambiental y el mayor grado de abstinencia de alcohol.

4 CHOISY, *Psicoanálisis de la prostitución.* Ed. Paidós, Buenos Aires, 1964.

5 GLOVER, *The Psychopathology of Prostitution.* Lon., 1957.

6 KARPMAN, *La Psicología Sexual.* Ed. Hormé, Buenos Aires, 1974.

7 GROSS, *Criminal Psychology.* USA, 1968.

8 BROMBERG, *Estudio Psiquiátrico del Homicidio.* Ed. Morata, 1963.

9 SUTHERLAND, *Principales of Criminology,* Chicago, 1960.

10 FERRACUTTI, *Aspectos sociales del comportamiento sexual.* Naciones Unidas, 1973.

11 QUIROZ CUARÓN, A., "Estudios sobre la prostitución". *Rev. Criminalia,* Año 1938.

— Características psicológicas generales de la mujer delincuente. Su personalidad.
— Criminología clínica.

Es evidente que cada persona es única en sus aspectos psicológicos en su historia familiar y social, que reacciona de un modo peculiar que lo hace diferente de los demás y con un enfoque existencial también único y por lo tanto la agresión del delito implica aspectos básicos bio-psico-sociales también únicos. Por lo tanto, la conducta delictiva es desde el punto de vista clínica la conducta que realiza, en este caso una mujer, en un momento determinado de su vida y en circunstancias especiales para ella.

La conducta delictiva es la expresión de una psicopatología de su alteración psicológica social, pero en este caso la mujer delincuente, no solamente es una persona enferma, sino el emergente de un núcleo familiar conflictivo.

En las conductas delictivas y antisociales más frecuentes observadas podemos mencionar:

1. La prostitución.
2. Homicidio, especialmente homicidio pasional e infanticidio.
3. Robo.
4. Tráfico de drogas.
5. Secuestro.
6. Estafas.
7. Denuncias falsas.
8. Aborto.
9. Incesto.
10. Conductas de abandono.
11. Suicidio.
12. La mujer víctima de delito.

La prostitución

Es la conducta antisocial típica de la delincuencia femenina. Muchos criminólogos opinan que si se compara estadísticamente el número de mujeres prostitutas con la delincuencia masculina, habría un total equilibrio, es decir, es tan alto el índice de prostitución que representa el mismo porcentaje que la delincuencia masculina.

La forma más común entonces de la delincuencia femenina es la del comportamiento sexual antisocial. Lo sorprendente de la prostitución no es sólo la entrega onerosa, sino sobre todo la breve vinculación y el continuo cambio de pareja.

Es evidente que el hecho de que una mujer se entregue corporalmente para ganar un sustento tiene un valor sintomático. ¿Qué lleva a la joven a realizar esta conducta? Se observa fundamentalmente una tendencia a la *autodestrucción,* que está presente en las pautas psicológicas de todas las prostitutas.

La joven puede hallarse en oposición frente a su padres o frente a su ambiente, se siente tratada injustamente, ha tenido experiencias traumatizantes y ahora se "venga" a través de la prostitución. Aquí se hace visible un paralelo con los suicidios de jóvenes que actúan por venganza, la venganza va dirigida contra las personas injustas que gozan de autoridad, contra la familia, contra la figura materna o paterna.

La mayoría de las prostitutas son hijas ilegítimas o han tenido una mala relación con su padre. La autodegradación es la reacción de la joven al ser privada del amor de su padre, las experiencias traumatizantes pueden impulsar a la joven hacia conductas masoquistas de autodestrucción. La caída en la prostitución puede ser considerada en estos casos como *equivalente al suicidio.*[12]

La prostitución puede también tener su origen en una forma de expresión-infantil, neurótica, en la que la prostituta traslada a lo corporal sus necesidades afectivas.

Si bien es cierto que debe tenerse en cuenta la situación socioeconómica, los determinantes esenciales son psicológicos, ya que la prostitución es una forma de autodestrucción y su forma de vida sexual es un mecanismo de defensa contra la desintegración del yo.

La joven prostituta, sobre todo cuando su inteligencia es

---

12 Narcht, *El masoquismo.* Ed. Sudamericana, Buenos Aires, 1968.

inferior, tiene una tendencia a identificarse con mujeres mayores que viven románticamente, quieren ser admiradas y deseadas, sus sueños son la riqueza y el lujo.[13] La mayoría de las jóvenes que llegan a la prostitución tienen una edad entre los catorce y veintiún años.[14]

En la personalidad de la prostituta, señala GLOVER, internamente se produce la separación entre los aspectos sexuales y los idealistas afectivos del amor infantil. Se ocupa de esa ruptura que tiende a persistir en la vida adulta, cuando el conflicto originario vinculado con los aspectos del amor infantil ha llegado a ser excesivo, y afirma que en esos casos, es incapaz de mantener relaciones sexuales con ellos.[15]

La promiscuidad sexual es un recurso protector inconsciente en la promiscuidad sexual compulsiva el mecanismo de desplazamiento puede ser útil no sólo a los propósitos de defensa psíquica, sino también a los impulsos reprimidos. La promiscuidad "ayuda" a negar que en cierto momento hubo un objeto parental único, que fue destinatario del amor infantil. Representa también a un nivel inconsciente, la búsqueda del amor único y prohibido.

La tendencia autodestructiva de las mujeres prostitutas se observa una vez más en las conductas del *tatuaje* y el significado que adquiere para ellas, especialmente en relación con la figura paterna.

En una investigación sobre el *tatuaje*[16] realizada con prostitutas se les preguntó a través de la técnica de la entrevista:[17]

---

[13] Véase M. CHOISY, *Psicoanálisis de la prostitución,* Ed. Paidós, 1964.

[14] M. CHOISY señala "cuando se examinan casos de prostitutas así como casos de sus compañeros, los rufianes y clientes que cumplen las dos funciones de la oferta y la demanda, lo que llama la atención es la degradación que han sufrido sus valores afectivos. En las biografías de la constelación familiar se advierte lo que condujo a estos varones y niñas a convertirse en lo que son. En el origen se encuentra siempre alguna carencia de amor, sea del padre para la hija o de la madre para el hijo.

[15] Ver GLOVER, *ob. cit.*

[16] MARCHIORI y otros, *El tatuaje y su relación con la delincuencia.* Centro de Investigaciones en Psicología Social, Universidad Nacional de Córdoba, Argentina, 1971.

[17] Para ver aspectos más amplios sobre el tatuaje y su significado, es necesario un análisis sobre las percepciones de la imagen corporal.

—¿Qué significa para usted el tatuaje?
—Si es un nombre u objeto, ¿por qué?
—¿Qué piensa de su tatuaje en estos momentos?
—¿Qué pensó su familia?
—¿Qué le reportó el tatuaje?
—¿Sus amigas están tatuadas?
—¿Qué piensa del tatuaje en general?
—¿Se lo volvería a hacer?, ¿por qué?

Las respuestas son simbólicamente tan claras que merecen la transcripción:

¿Qué significa para usted?

1. Era un muchacho que sabía andar conmigo y lo quería con locura y el hacerme esto me parecía que lo quería más todavía.
2. Que nunca me voy a poder olvidar y porque es el padre de mi hija (Lalo y negra).
3. Porque los quería (dos nombres masculinos).
   Porque me gustaba (un lunar).
4. El que me saqué era de mi marido.
   El que dice: Valer, me lo hice porque él me pidió que borrara el otro y pusiera su nombre (soy tuya Valer).
5. Es el muchacho que vive conmigo (Peti y Chelo).
6. Ninguno me interesa nada ya, claro porque ya no tengo nada que ver con ellos ya, solamente sigo andando con éste (Juan).
7. Ahora nada, pero cuando me los hice, porque los quería mucho.
8. Nosotras nos marcamos para tener un recuerdo de los muchachos que andaban con nosotras porque siempre los recordamos cuando nos vemos las marcas.
9. El muchacho que andaba conmigo.
10. Cosas íntimas.
11. El nombre de mi hermano que lo quiero mucho, él tenía seis años.

12. Como es la que tuvo más trastornos al nacer es la más minosa, y por ella me hice esto (iniciales de la hija menor).
13. Como yo no tenía de mi mamá cuando murió me hice este nombre que es el de ella, para tener un recuerdo.
14. Me lo hice para achicar la cara, para cambiar el rostro y es una cosa que da más acentuación a la persona (lunar).
15. Ahora, arrepentimiento son tonterías que uno hace cuando es joven, apenas conocíamos a un muchacho nos poníamos el nombre de él para demostrarle que lo queríamos.
16. El de los muchachos, me lo hice porque los quería, y el mío para ver si sentía dolor.
17. Nada, porque no me acuerdo, era muy joven cuando me lo hice.
18. No sé cuando uno es joven hace cualquier cosa y después se arrepiente.

Si es un nombre, ¿por qué?

1. Porque es el nombre de un muchacho que yo quise mucho.
2. Porque lo quiero.
3. Porque vivían conmigo.
4. ....
5. Es el muchacho que hace cuatro años vive conmigo.
6. Porque eran a los que más quería.
7. Eran los que andaban conmigo.
8. Me dijo que por qué me había marcado así, que iba a quedar ridícula, que me iba a arrepentir por haberlo hecho, se enojó y me dio unos golpes y desde que ellos vieron que yo me había escrito sus nombres no los volví a ver más. (Los demás no reaccionaron así, sólo que no los veía más. El que reaccionó es padre de uno de mis hijos.)
9. Porque es el muchacho que vivía conmigo. El otro es el nombre de mi hija.
10. Porque es el hombre que convivía conmigo.
11. Porque lo queremos mucho.
12. Porque es la más cariñosa de mis hijas, es un recuerdo que dura siempre.

13. Porque es lo que más quería y quiero y para tener un recuerdo.
14. Para que me quede mejor la cara.
15. Porque fueron mis novios a los que quise mucho.
16. Juan Carlos es el nombre de mi marido propio; me lo hice porque lo quería. Miguel era el novio al que no vi más.
17. Porque debajo le iba a poner el nombre del muchacho que salía conmigo, pero después me arrepentí y quedó sólo éste.
18. Es el nombre del muchacho que vive conmigo.

¿Qué piensa de su tatuaje en estos momentos?

1. Estoy arrepentida de habérmelo hecho, porque quedo marcada y la gente que lo ve enseguida se da cuenta que es de una de las de la calle.
2. Pienso dejármelo.
3. Me los voy a borrar porque no me gusta que se vean.
4. Me los pienso sacar.
5. El de la mano, me lo saco con guillette porque queda feo.
6. Que están mal hechos y me los quiero sacar porque no me gusta. Porque todos le pregunta a uno que es éso.
7. Que me queda mal y me molesta cuando me miran, porque al verme estos tatuajes piensan que soy de la calle.
8. Estoy arrepentida, porque no me gusta estar marcada, llega el verano y no puedo andar con mangas cortas, ni mini porque se me ven las marcas y queda mal. No me lo voy a hacer sacar porque quedan muchas cicatrices y los corazones el doctor me dijo que no puedo, únicamente con un injerto.
9. Sacármelo.
10. Yo estoy conforme, me sirve porque estoy sola aquí por cualquier cosa que pase.
11. Ahora me los quisiera sacar.
12. Que estoy conforme, porque me lo hice queriéndolo yo.
13. Que estoy conforme de tener y que no pienso sacármelo nunca, al contrario.

14. Que no me lo voy a sacar porque me queda lindo.
15. Me veo amargada, porque no me puedo poner nada porque la gente mira.
16. Estoy arrepentida porque queda mal, me parece que la gente me critica y dice: aquélla es una loca.
17. Que no me gusta y que me lo voy a sacar.
18. Es una porquería. Me voy a hacer sacar el otro.

¿Qué pensó la familia?

1. Nada porque no lo veían casi; mejor dicho nunca me lo han visto.
2. Mi mamá se enojó.
3. El primero me pidió que me lo borrara (un nombre masculino).
4. A los vecinos no les gustó.
5. A él no le gusta; mi hermano también tiene, así que no me puede decir nada.
6. Me regañaron muchísimo porque dice que eso me quedaba mal, muy mal.
7. Mi mamá me pegó porque me dijo que estaba loca antojarme hacer eso.
8. Se enojaron y me dijeron que en qué cabeza cabía, hacerme eso.
9. ....
10. Los hermanos le dijeron que se lo sacara.
11. Nada.
12. No me dijeron nada.
13. Mi hermano me dijo si estaba loca.
14. Nada, porque no tenía familia en esa época.
15. No me dijeron nada.
16. Se ofendieron conmigo porque dijeron que eso no queda bien.
17. Nada, porque no me lo vieron.
18. Nada, no me lo vieron.

¿Qué le reportó el tatuaje?

1. Nada, porque nadie sabe nada ni nadie me lo ve.
2. Nada, no tuve problemas, pero puede haber con la policía.
3. Nada.
4. Nada.
5. Nada.
6. Si uno está en un bar y le ven las marcas a uno la detienen; así que mire, yo me los quiero sacar.
7. Ni dificultad, ni beneficios, nada.
8. Ah, usted sabe que cuando me vieron en la policía me dijeron que todas las chicas que tenían esas marcas eran prostitutas y que a todas las que vieran las iban a sellar.
9. Nada.
10. En la mujer no trae problemas, en el hombre sí por la cárcel. Yo estoy sola y sirve para identificarme, por cualquier cosa que pase.
11. Nada.
12. Ningún problema.
13. Nada, porque nadie me lo ve.
14. Nada, me dicen cosas.
15. Hacer que la gente me mire y los tipos no quieren venir porque estoy tatuada, cuando la policía nos ve marcadas enseguida dice que somos de la calle.
16. Dificultades porque decían que no se juntaran conmigo, porque estaba tatuada y todos me decían que queda mal. La policía me detuvo porque me vieron tatuada y pensaron que estaba robando.
17. Nada, sólo que la gente pregunta nomás por qué uno se hace esto.
18. Nada.

¿Sus amigas están tatuadas?

1. Casi todas.
2. Algunas sí.

3. Sí, muchas amigas tatuadas. Los muchachos que me lo hicieron estaban tatuados.
4. Sí.
5. Sí.
6. Sí, casi todas lo hacen.
7. Algunas.
8. Sí, casi la mayoría en el pecho, en el vientre; se hacen lunares en la cara.
9. Sí.
10. Sí, tienen nombres, corazones.
11. La mayoría.
12. Sí.
13. Algunas.
14. No, ninguna.
15. La mayoría.
16. Sí.
17. Algunas.
18. Algunas, sí.

¿Qué piensa del tatuaje en general?

1. Que queda mal, la gente la mira mal cuando ve las marcas y dicen: es una mujer de mal vivir.
2. Es un recuerdo me gusta.
3. Antes me gustaba.
4. Una cosa muy estúpida, lo hice porque era joven.
5. Pienso que es una tontería, ponerse nombres de muchachos.
6. Que es una locura, yo veo que es una cosa que queda mal en una persona.
7. Es una cosa que arruina la personalidad de uno.
8. Ahora no me gusta.
9. No he pensado en sacármelo.
10. Que es una estupidez.
11. Que es una tontería, queda feo, la gente mira a uno y es algo ridículo. Porque el mío no se ve.

12. Que queda mal porque primero, uno no puede salir a la calle porque lo primero que llama la atención son las marcas, y después que ya a una le toman no como una chica decente, sino como una loca directamente.
13. Esos tan exagerados que se hacen las demás chicas de cada novio que tienen me dan asco. La gente que se marca así queda horrible y parecen locas.
14. La gente que lo hace, lo hace degeneradamente, parece que no tienen cultura, son malas mujeres.
15. Que no está bien eso, queda feo, uno no puede usar mangas cortas y tiene que cubrirse para que no la critiquen.
16. Que es una cosa que queda mal en una mujer, sobre todo, es algo ridículo, delante de la gente me lo cubro para que no me lo vean porque si no, enseguida comienzan a criticar.
17. Que no queda bien y hace pensar mal a los demás.
18. Cuando uno es joven hace cualquier cosa y después se arrepiente.

¿Se lo volvería a hacer? ¿por qué?

1. Ni aunque me regalaran dinero encima me volvería a tatuar.
2. No me lo volvería a hacer porque las marcas quedan feas, se ven con las faldas cortas.
3. No lo pienso hacer más.
4. No me lo volvería a hacer.
5. Me pondría: "Madre hay una sola".
6. No, porque estoy acobardada, no me gustan ya, todos me miran, me preguntan y se fijan en las marcas que uno tiene.
7. No, porque no me gusta y ya estoy arrepentida de haberme hecho éstos y pienso sacármelo pronto.
8. No, ni loca que estuviese, no veo las horas de hacerme sacar los que pueda, no gano nada con andar marcada.
9. No, porque mis hijas ya están grandes y podrían preguntar.

10. No sé, quizás sí.
11. No me hago más nada. Se puede quemar con hielo seco o con cigarrillo.
12. No, porque no queda bien.
13. De mi madre sí, pero no de otra persona.
14. No me haría nunca, es una vergüenza para mí misma, es para mi dignidad.
15. Ni loca, éstos me los hice porque era joven, pero ahora ni soñando me haría alguno. Apenas junte dinero me lo voy a sacar y a hacer la cirugía así no me quedan las cicatrices.
16. No, nunca porque queda ridículo; yo estoy cansada de éstos y no me gustan más.
17. No, nunca porque arruina el cuerpo y da aspecto de bajeza.
18. No me lo volvería a hacer.

En la criminalidad femenina, la *conducta de tatuarse* está dada principalmente por la prostituta y lo más significativo es que la parte del cuerpo tatuado son los senos y las piernas (parte superior).

El lugar utilizado para realizar el tatuaje es frecuentemente la institución policial o carcelaria. La temática elegida son nombres masculinos.

Las internas sienten su tatuaje en estrecha relación con el significado que para ellas tiene su pareja. Es decir, implicaría una demostración concreta y muy simbólica de un afecto hacia alguien, como si no le bastara la relación en sí. Tal vez podría expresarse que estas mujeres se tatúan para incorporar, *retener objetos queridos.* Estos son por lo general en primer término su pareja, el hijo, la madre, en un caso su hermano y otros tatuajes que se refieren en ella misma.

Nosotros pensamos que el hecho de que la prostituta elija nombres, es decir, tatuajes de nombres es importante para comprender el hecho de que la conducta de tatuaje está en relación con la figura del padre, reactualiza el conflicto, a través de los tatuajes reiterados de los nombres de sus parejas. Se realiza por: *a)* Nombres masculinos de la pareja, y *b)* porque necesita objetos queridos (habla siempre en pasado): esto posiblemente sea porque ninguno puede sustituir al padre, ni rivalizar con él, necesita cambiar constantemente porque son meros objetos para ella, no son su pareja, su pareja es el padre, es la prostituta "manejadora de hombres" por esto puede "cobrar" y por eso no "siente" en su relación con otros hombres, su pareja no es vivida como tal.

Su conducta es una consecuencia de su amor-odio al padre, el hecho de que sea prostituta está muy vinculado a sus *conflictos con la figura paterna.* Es decir, que a través del tatuaje devolvería afecto (llevar al padre, necesidad de incorporarlo, de retenerlo) como así también sería un autocastigo por el odio al padre ya que al tatuarse se estaría identificando como prostituta y de esa manera castigaría al padre.

Es decir que a través del tatuaje la interna proyecta su necesidad de retener sus objetos queridos (padre), pero también manifiesta sus fantasías persecutorias por su odio al padre, por temer a la retaliación.

El tatuaje implica también un castigo corporal, esto si se relaciona con el hecho de que las prostitutas "utilizan" su cuerpo. Este autocastigo sentir dolor, su necesidad de identificación como prostituta, cabe interpretarlo como una conducta masoquista, masoquismo especialmente por las zonas corporales que elige para tatuarse, zonas de por sí muy sensibles.

En resumen, las mujeres prostitutas tienen una problemática psíquica grave. La prostitución debe estar orientada preventivamente en lo general y terapéuticamente en lo individual como es dable observar ante cualquier enfermedad, el tratamiento de la prostitución no es un problema jurídico penal sino psicológico y social.[18]

Homicidio

Especialmente en la mujer se observa el homicidio pasional. La conducta de homicidio implica siempre a nuestra

[18] Ver Mergen, *La prostitución, sexualidad y crimen.* Ed. Zeus, 1969.

consideración una desintegración de la personalidad ya que solamente en un gran *strees* psicológico puede llegar una persona a matar a otra.[19]

Consideramos que esta conducta de agredir de un modo destructivo como es la conducta de homicidio, solamente la proyecta una persona con un grave problema psíquico, porque el conflicto psicológico que permite la proyección de impulsos primitivos y destructivos se estructuran a través de complejas circunstancias, pero donde predominan elementos psicopatológicos confusionales y psicóticos.[20] Es evidente que en la conducta homicida sorprenden los aspectos de descontrol, marcada sensibilidad y sadismo que se proyectan con enormes significados simbólicos.[21] Dentro de los diferentes tipos de homicidios en la mujer predomina el *homicidio por identificación emocional (celos)*. Es difícil, raro observar en la mujer que llegue a una conducta de homicidio por problemática de alcoholismo, como se ve frecuentemente en el hombre.[22]

También no es frecuente observar que llegue a un homicidio por búsqueda de dinero o por una discusión o pelea, sino que siempre predomina el elemento afectivo y la agresión es manejada no como en el hombre impulsivamente, sino la agresión se prepara muchas veces minuciosa y sádicamente.

El homicidio se produce en la mujer para solucionar un conflicto interpersonal, este conflicto estalla, se desencadena después de un lento proceso en el que la mujer se siente despreciada, marginada y humillada. Por lo general el marido alcohólico que la golpea, que la agrede física y moralmente, es el inicio de sus sentimientos de venganza manifestados de una manera muy lenta. Son los crímenes en que la mujer espera una circunstancia en la que la víctima se encuentra de espalda, dormido para agredirlo hasta matarlo; en otros casos el envenenamiento en pequeñas dosis.

---

19 Ver MARCHIORI, *Personalidad del delincuente*. Ed. Porrúa, 1978.

20 Ver HENRY EY, *ob. cit.*

21 VON HENTING, *Estudios de Psicología Criminal*. Ed. Espasa-Calpe, 1960.

22 Véase D. ABRAHAMSEN, *Delito y Psique*. Ed. Fondo Cultura, México, 1946.

Sin lugar a dudas en la mayoría de los crímenes de la mujer existe una relación afectiva entre el autor y la víctima del crimen, es decir hay un proceso emocional que desencadena el crimen.

También se han observado homicidios por procesos paranoicos en que la mujer se cree perseguida, con conductas delirantes. La mujer piensa que eliminando, matando a la persona que le ha hecho la "brujería" salva a su familia.[23] En estos casos es interesante observar que estas víctimas consideradas como "brujas" son mujeres ancianas en su mayor parte. También en estos crímenes se observa que a veces la mujer no es autora del crimen la que va a matar a la víctima, sino la instigadora que convence al marido o a otro familiar para que cometa el homicidio.[24]

Los estados de *angustia y de depresión* así como los sentimientos de culpabilidad pueden llevar a crímenes en los que se matan a los niños para que en el futuro no sufran; la madre mata a los niños y después se suicida, es decir la mujer llega al convencimiento de que es mejor que los niños no sigan viviendo. Aparece este crimen de un modo inexplicable y no se comprende la conducta violenta con los aspectos de personalidad de la autora, cuyo rasgo de persona no agresiva adaptada al medio, con valores sociales y morales, sin antecedentes penales contrasta de manera paradojal con la conducta destructiva del núcleo familiar. Sin embargo cabe observar que los aspectos depresivos y confusionales de la mujer ya se habían formado antes del delito, así como una gradual desorganización de la personalidad que se proyecta en el crimen.

Infanticidio

El homicidio del bebé se produce por lo general recién nacido o a las pocas horas de nacido. El delito se realiza para ocultar la relación y por temor al castigo y rechazo familiar.

---

23 Ver H. Marchiori, *Psicología Criminal.* Ed. Porrúa.

24 Ver Hesnard, *Psicología del Crimen.* Ed. Zeus, 1980.

Adolescentes o jóvenes solteras que ocultan su embarazo y su situación por temor a la reacción de la familia y no perciben otra posibilidad que abandonar o rechazar al bebé.

Si es en zona rural la joven siente tanto temor de comunicar su estado que muchas veces se atiende sola durante el parto. El bebé fallece por lo general por la carencia de atención médica y los cuidados necesarios. Es muy raro que la madre agreda al bebé físicamente para provocarle la muerte, no existe agresión física corporal pero lo abandona. En la ciudad la joven tiene más posibilidades de ser atendida médicamente, abandona al bebé en un lugar público como terminal de omnibús, trenes, plazas, dejándolo en la puerta de una casa o en una iglesia.

También se produce el infanticidio como consecuencia de una relación incestuosa y para ocultar la relación generalmente padre-hija. Aquí el padre es autor-cómplice del homicidio porque conoce las ideas homicidas y colabora en la ocultación y muerte del bebé.[25]

Es innegable que todos los casos de infanticidio están estrechamente relacionados a la patología del núcleo familiar, especialmente el miedo, temor que tiene la joven de la reacción castigadora de la familia y del medio social. La joven siente fuertes sentimientos de culpa por su comportamiento, ocultado a la familia, y se presenta en ella la duda y el temor, es decir, la alternativa de dejar a la familia y enfrentar el medio social con un embarazo y sin posibilidades de ayuda (el padre del bebé la ha abandonado o se niega a ayudarla), o la alternativa de permanecer con la familia.

Se advierte en estas alternativas la confusión, soledad e inseguridad de la joven, que progresivamente aumentará su temor ante la familia y ante la situación de embarazo.

El miedo a la marginación, aislamiento y rechazo por la conducta prohibida (sexual) estructurarán en la joven las ideas de abandonar y desprenderse del bebé.

---

[25] Hurwits habla de crímenes puramente femeninos en el sentido de que la simple descripción del delito sugiere que fue cometido por una mujer, caso del infanticidio.

Podríamos hablar aquí que en la joven se lleva a cabo una profunda crisis psicótica de tipo confusional única manera de que se produzca el infanticidio.

La familia no toma conciencia de la situación de embarazo de la joven por un mecanismo psicológico de negación porque es imposible que la familia desconozca el estado de la joven a excepción de que se encuentren en graves problemas de incomunicación, lo que revelaría la psicosis de la estructura familiar y las dificultades para ayudar a la joven.

El robo

El robo en la mujer no se aparta de las características señaladas en el hombre, es decir, más que una conducta utilitaria revela motivaciones más complejas, en la que se encuentra un deseo disimulado de *seguridad.*

Predomina en la mujer el hurto o robo en las tiendas, en los comercios, especialmente de ropa, donde utiliza vestidos con bolsas especiales lo que le facilitan el robo.

La simulación de un estado de embarazo o la "distracción" en llevarse un objeto, son elementos instrumentados por la mujer para robar.

Es difícil el robo con violencia ya que la mujer elige otros medios para apropiarse de objetos, estos medios son sin agresividad o fuerza, prefiere la simulación, la distracción de la víctima. Muchas veces va acompañada de sus hijos pequeños que son utilizados como defensa de su comportamiento o para poder robar con mayor facilidad.

También la mujer al igual que el hombre tiende a "especializarse" en determinados objetos que son los que únicamente roba, ejemplo, ropa de mujer y no otros artículos.

La mujer como cómplice de robo especialmente como ayudante del carterista (en la que frecuentemente es su pareja) actúa sobre la víctima como "señuelo", es decir, para distraer la atención y facilitar de esa manera el robo, en los lugares previamente elegidos, lugares públicos o en transportes colectivos.

TRÁFICO DE DROGAS

Dentro de los delitos contra la salud en la mujer predomina el tráfico de drogas, en nuestro medio especialmente en relación a psicotrópicos y volátiles inhalables.

El consumo de drogas en la mujer se manifiesta en jóvenes adolescentes y constituye siempre una conducta marcadamente autodestructiva.

Sabemos que la adicción a las drogas puede manifestarse de múltiples maneras y cambia de una personalidad a otra, implica no obstante estas variantes una conducta autodestructiva, es negar la realidad y su mundo interno y también una búsqueda de salida a sus intensos conflictos internos. Como el deterioro mental y social es progresivo y muchas veces ha realizado experiencias con otras drogas más potentes, va perdiendo también progresivamente la capacidad de diferenciar su proceso interno y la realidad; predomina en todas sus conductas una marcada autodestrucción (en la mujer predomina la adicción a fármacos).

La mujer actúa en el tráfico de drogas como miembro de una organización, la mujer está consciente e identificada con sus actividades, las cuales justifica a través de mecanismos de razonalización (no conseguí trabajo, me despidieron, no tengo qué dar de alimento a mis hijos, etc.), pero donde también se proyecta insensibilidad moral y social y sus dificultades a nivel de la integración de la personalidad.

La mujer traficante al igual que el hombre presenta una personalidad psicopática con un sentimiento omnipotente y un delirio de grandeza tan marcado que busca el poder y el dinero a través de la droga.

Aquí también queremos referirnos a esta situación tan particular de familias en la que todos o varios integrantes de la misma se dedican al tráfico de drogas y también son adictos.

Es evidente que son familias con una grave patología y lo curioso y angustioso es que la madre inicia a los hijos en el tráfico y consumo de la droga, siendo el marido también drogadicto. En estas familias se observa un deterioro físico y mental muy acentuado y en los hijos problemas de retardo mental o trastornos orgánicos cerebral. La madre, traficante de drogas, es el centro de esta conducta antisocial.

También se ha observado que el tráfico de drogas en las escuelas secundarias, en las universidades y en los últimos años en escuelas primarias es realizado principalmente por mujeres.

Secuestro

Dentro de las complicadas conductas de secuestro en la que en la mayoría de los casos terminan en crimen, la mujer tiene siempre uno de los roles más importantes del grupo que realiza el secuestro.

La mujer sobre todo en secuestro de niños es la que motiva "el secuestro", da los datos principales de la víctima, organiza el grupo que va a llevar a cabo el delito, pero los que lo ejecutan son hombres. Ella actúa en dos etapas, en la preparación del secuestro, en la elección de la víctima y posteriormente en el cuidado y asesinato de la víctima.

También es interesante observar que muchas mujeres que participan en secuestros han tenido como actividad principal el trabajo doméstico y enfermería.

La muerte de la víctima del secuestro siempre se produce por temor a ser descubierto y en numerosos casos se han observado conductas muy paradojales en la que la mujer desea que la víctima muera, especialmente si es un niño. Lo impactante de esta situación es que el cuidado de ese niño está a cargo de ella, es decir ella debe desempeñar dentro de la organización del secuestro el rol de "cuidadora del niño secuestrado" (que como hemos mencionado puede ser por motivos lucrativos, pero también por motivos de venganza).

¿Por qué esta mujer secuestra un niño que tiene como encargo cuidarlo durante el tiempo que se pida el dinero de recompensa?, ¿por qué esta mujer mata al niño o convence al grupo de secuestradores que lo haga? Esto evidentemente plantea una de las difíciles tareas criminológicas, pero simboliza a la vez la patología de la estructura mental de esta mujer secuestradora, donde se puede advertir una marcada insensibilidad y por consiguiente una grave patología a nivel afectivo.

ESTAFAS

En los últimos años la mujer ha participado con una mayor actividad, no sólo en la realización de las estafas, sino en su preparación.

Desde el punto de vista criminológico es evidente que las conductas de estafas son realizadas por personalidades histéricas, ya que la estafadora actúa mediante medios como el engaño, misterio y el enredo,[26] que utiliza muy hábilmente para realizar el delito.

HELEN DEUTCH, señala que el estafador (impostor) y es también válido para la mujer, siempre busca una identidad para justificar su narcisista concepción de sí mismo, pero que a la vez niega su propia identidad. Necesita satisfacer fantasías de grandeza por su omnipotencia y su sentimiento de superioridad.

La estafadora asume identidades de otros, debe disfrazarse para poder concretar su delito. Realiza esa conducta debido a que su propio yo es desvalorizado y en esa conducta realiza los requisitos de su propio ideal de personalidad superior.

Por lo común es una persona inteligente, observadora y entre sus rasgos más acentuados encontramos una imaginación exhuberante, un sentido exagerado de la propia personalidad y una gran avidez. Otras de las características que presenta en su capacidad para utilizar el lenguaje verbal como técnica de acción sobre los demás.[27]

La estafadora explota la ingenuidad a través de sus mecanismos de seducción y engaño. Evidentemente el engaño es su forma de vida, se percibe frente a este hecho una insensibilidad ante la situación del otro.

---

26 VON HENTING, *Estudios de Psicología Criminal.*
27 Ver MARCHIORI, *Personalidad del delincuente.* Ed. Porrúa, 1978.

Según Bergler (el estafador), la estafadora: [28]

1. Crea situaciones en que todos confían en ella (engaño).
2. Engaña precisamente a quienes agradó (rompe el vínculo de la relación interpersonal).
3. Busca inconcientemente el castigo (por el rechazo y la disociación).

La estafadora tiene escasos sentimientos de culpa por sus conductas, ya que posiblemente debido a su omnipotencia a su sentido exagerado de su propia personalidad, niega sus aspectos patológicos.

Denuncias falsas realizadas por mujeres

También dentro de las personalidades histéricas podemos encontrar mujeres que presentan denuncias de que han sido robadas, golpeadas, violadas pero en realidad no les ha sucedido nada y la denuncia puede deberse a aspectos de su personalidad histérica con acentuados rasgos mitomaniacos; o la falsa denuncia es levantada por una acción de venganza (muchas de las denuncias son realizadas contra médicos, odontólogos o maestros de escuela). Se ha observado que jóvenes "amenazan" a determinados individuos que si no les entrega una cantidad de dinero los denunciará como agresores sexuales. Esto último es una verdadera conducta de robo, es decir también lleva implícito una conducta utilitaria y psicopática.

Los mecanismos neuróticos de estas conductas muchas veces ocultan los verdaderos motivos de la agresión. Esto se advierte especialmente en los comportamientos que requieren seducción para posteriormente engañar, pero donde la mujer necesita protegerse a través de un "disfraz" asumiendo una imagen externa diferente.

---

[28] Bergler, *El jugador, un neurótico mal comprendido*. Bs. Ss., 1945.

Aborto

También son significativas las conductas sistemáticas de algunas mujeres en relación al aborto, que en su verdadero sentido implica una auténtica conducta autodestructiva. De igual manera se puede considerar el infanticidio.

Incesto

Es un delito que se produce dentro del núcleo familiar y es consecuencia de una problemática grave en el triángulo padre-madre-hija (generalmente la relación incestuosa es padre-hija). En el capítulo III se analiza la conducta delictiva del incesto, las características que presenta el núcleo familiar, la personalidad del autor y la personalidad de la víctima.[29]

Conducta de abandono

Muchas mujeres no están relacionadas directamente a conductas delictivas y sin embargo si se realiza un análisis exhaustivo de las historias de los niños abandonados, de los niños quemados, de los niños explotados, de los niños infractores de delitos, de los niños drogadictos, podemos observar de qué manera estas mujeres, madres de niños, son personalidades psicopáticas y con un alto índice de sadismo en su comportamiento y también de una profunda insensibilidad moral y afectiva.

Sabemos que es vital para la futura salud mental que los padres proporcionen cuidado y afecto al niño, especialmente una relación madre-hijo cálida y constante, si el niño carece de tal relación sufre de privación materna. Esta situación predispone a los niños a responder de manera antisocial ante conductas conflictivas. Observaciones de niños gravemente pri-

---

[29] Ver capítulo III, pág. 45-54.

vados a nivel maternal muestran que ni su personalidad ni su conciencia están suficientemente desarrolladas, su conducta es impulsiva e incontrolable, indiferentes, con graves problemas afectivos y agresivos.[30] BOWLBY señala que hay evidencia suficiente para creer que una separación prolongada de un niño con su madre durante los primeros años de vida, es la responsable de ciertos tipos de delincuencia.[31]

Estas mujeres que abandonan a sus hijos presentan una grave problemática de personalidad debido a una acentuada inestabilidad que se proyecta en la falta de amor y de cuidado al niño. La gran mayoría de los niños infractores, drogadictos, abandonados, llegan evidentemente a esa situación por la desorganización familiar, por la desatención de los adultos que marginan al niño. Padre alcohólico, madre que rechaza a sus hijos, separaciones, conflictos entre la pareja, madre inestable, padres violentos que hacen que el niño proyecte en sus conductas esa patología familiar.

La grave problemática educacional del niño manifestada lenta y progresivamente por fracasos escolares, conductas agresivas, síntomas orgánicos, por robo, por adicción a drogas es producto y consecuencias de la conducta de la madre. Aquí es donde se advierte la insensibilidad y desatención de la madre hacia el niño, revelando en estos casos la patología psicológica y social, observándose que la mujer ha tenido un rol importante para que se desencadenara la conducta antisocial.

SUICIDIO

La conducta de suicidio está relacionada a profundos estados depresivos. Si bien sabemos que las conductas más frecuentes de intentos de suicidio se manifiestan en jóvenes adolescentes, también se observa en los adultos y en las ancianas.

El proceso que lleva al suicidio, como a toda enfermedad mental es confuso y difícil desde un punto de vista psicológico,

---

30 BOWLBY, "Privación materna y delincuencia". *Rev. Criminología,* México, 1978.

31 BOWLBY, *ob. cit.*

la llevan a una baja autoestima vinculada a sentimientos de culpa y a sentimientos de marginación. En los primeros se advierte que los sentimientos de culpabilidad se relacionan a una pérdida (por muerte o separación) que la conducen gradualmente a un sentimiento de tristeza y depresión, que la aleja lentamente de toda actividad o de todo interés hacia la vida. La conducta de suicidio se proyecta como única salida para esa intensa angustia y depresión.

Cuando la mujer se siente marginada, esto también relacionado a estados depresivos y a una personalidad neurótica, el suicidio suele acontecer para "culpar" a los demás por su estado y como una forma de llamar la atención hacia una búsqueda de afecto. No existe un pleno convencimiento de su deseo suicida y avisa a los familiares o amigos de sus intenciones autoagresivas. En estos casos cuando el suicidio ocurre es por un "accidente" (no vieron la nota que dejó a los familiares no prestaron atención a los avisos de suicidio).

En la prisión la mujer, al igual que el hombre, estructura situaciones depresivas que muchas veces la conducen a una conducta de suicidio. Hemos visto en el capítulo sobre ingreso, cómo el factor tan angustiante que representa el encierro penitenciario la privación de libertad, suele desencadenar en la mujer al igual que el hombre que ingresa a la prisión el deseo de no querer seguir viviendo manifestada por su conducta autoagresiva.

La mujer víctima de los delitos

La mujer es frecuentemente víctima de delitos por las circunstancias de desprotección y las limitaciones de defensa física. Entre las múltiples situaciones en la que la mujer resulta víctima de delitos podemos mencionar:

— Ancianas que viven solas, que están desprotegidas son víctimas de robo u homicidio, el agresor conoce en estos casos con anterioridad la particular situación en la que se encuentran las víctimas.

— Robo de carteras o bolsos, uno de los delitos más frecuentes en que la mujer es víctima.

— La mujer víctima de fraudes y estafas casi de índole mágica, de estafadores que se presentan "vendiendo" un billete premiado u objetos de "oro" o elementos religiosos; o las llamadas estafas matrimoniales, que a veces terminan en homicidio.

— En los delitos sexuales la mujer es frecuentemente víctima con consecuencias psicológicas gravísimas, que conducen a la víctima a la prostitución. Es evidente que el estado en que queda la víctima después de cualquier agresión es una situación de verdadero *strees*. Esta situación traumatizante puede provocar enfermedades mentales, enfermedades físicas y sobre todo un cambio de nivel de las relaciones interpersonales tan importante que la víctima no se recupere nunca de ese ataque violento.[32] También la influencia de la víctima en el posterior comportamiento delictivo de sus familiares, que actúan en venganza creando nuevos delitos.

— Mujeres víctimas por el abandono o rechazo familiar que conducen a la mendicidad y al robo.

— La mujer víctima de los delitos de homicidio, principalmente donde se observa que los celos y la conducta paranoide del autor es la génesis de la conducta delictiva.

Criminología clínica

La mayoría de las mujeres viven, debido a nuestras costumbres culturales y educativas, en estrecha relación con el núcleo familiar y con el *habitat* de su casa-grupo familiar. Por ello el ingreso a la institución penitenciaria suele provocar en la mujer una mayor angustia que el hombre, especialmente por la situación familiar y porque debe abandonar a sus hijos y su casa.

---

[32] Las lesiones, muertes provocadas en las víctimas de delitos están descritas por KARPMAN, *Crimen sexual, sus motivaciones*. Ed. Horme, Buenos Aires, 1974.

El ingreso es entonces conflictivo, angustiante por la situación del delito, por el rompimiento del núcleo familiar y porque la mujer que ha cometido un delito ingresa generalmente a una cárcel de hombres.[33]

El recibimiento y *estudio inicial* es fundamental para poder asistir a la mujer que ingresa y de ese modo comenzar el tratamiento individual y familiar.

Trabajo Social es el departamento que realiza el estudio en el momento de ingreso. Se detectan los datos clínicos criminológicos más esenciales que permitirán apreciar la situación familiar de la interna.

— ¿Cuál es la estructura familiar?
— ¿Con quién vivía hasta el momento de ser detenida?
— ¿El delito fue cometido dentro del núcleo familiar?
— Si la paciente es madre ¿dónde y con quién quedaron sus hijos?

La asistencia inmediata realizada por el Departamento de Trabajo Social proyectará en la interna cierta seguridad y tranquilidad que serán muy importantes para establecer un *rapport* y comunicación.

Debe tenerse en consideración que en la mujer se observan problemas de manera más aguda que en el hombre y estos problemas están vinculados al lugar donde vivirá la interna, esto es el dormitorio donde se alojará. Es importante que tenga una habitación propia. Esto elimina automáticamente muchísimos problemas, agresiones verbales y físicas sumamente violentas. La habitación es su habitad, su casa, su refugio y esto ocurre como sabemos más en la mujer que en el hombre, por nuestras costumbres culturales y los procesos de socialización.

El estudio clínico criminológico al ingresar la mujer a la institución, implica estudios médicos, psicológicos, pedagógicos,

[33] Por razones económicas que no permiten tener instituciones femeninas, las mujeres ingresan generalmente a un pequeño lugar asignado dentro de la institución de hombres y son obligadas a trabajar en la cocina y lavandería.

de trabajo, de actividades culturales y artísticas, familiares. Es un estudio integral de la personalidad que permitirá llegar al diagnóstico.

El estudio integral comprende también desde el punto de vista de una clínica criminológica el estudio de los procesos que han llevado al delito. *El análisis de la conducta delictiva,* sus características, sus vinculaciones con la víctima, el lugar, los instrumentos empleados, la situación pre-delictiva nos permitirá conocer muchos aspectos de la autora de esa conducta.

El análisis del complejo proceso-psicológico que llevó al delito conduce al diagnóstico no sólo individual sino familiar. Es decir que el diagnóstico debe implicar un diagnóstico familiar especialmente porque sabemos que muchas mujeres han cometido el delito en el mismo grupo familiar o utilizando a miembros de su familia. Este diagnóstico individual y familiar se realiza a través de las técnicas y métodos clínicos-criminológico.[34]

El doctor ALFONSO QUIROZ CUARÓN, señala que las preguntas que deben plantearse para un diagnóstico y conocimiento criminológico son: ¿qué, por qué y dónde, cómo, cuándo, quién?[35]

El conocimiento de los aspectos esenciales del proceso que ha llevado al delito y la personalidad de la mujer, esto es el diagnóstico permite plantear las medidas de tratamiento.

Es evidente que el *tratamiento* debe ser enfocado en forma integral (historia-personalidad-núcleo familiar) a través de una interdisciplina en la que el objetivo principal es la salud física, psíquica y social de la paciente.

Sin embargo el tratamiento a una mujer con una conflictiva antisocial implica arduos y difíciles problemas; todos los penitenciaristas afirman las graves dificultades en el tratamiento institucional y la resistencia ante la psicoterapia.

Es cierto que la mujer en la institución penitenciaria genera nuevos problemas y presenta una mayor agresión que el hombre, pero debe tenerse en consideración las graves condiciones

---

[34] Ver capítulo IV.

[35] Ver DR. ALFONSO QUIROZ CUARÓN, *Medicina Forense.* Ed. Porrúa.

en la que generalmente se encuentra, entre las que podemos mencionar:

— El personal no está capacitado en su problemática ni siquiera el personal técnico conoce las características fundamentales de la mujer con una conflictiva antisocial. Esto por la carencia de investigaciones y de estudios sobre el tema y también porque el personal maneja la problemática del hombre delincuente que es diferente a la de la mujer. Este desconocimiento trae como consecuencia una limitación en la asistencia y tratamiento a la mujer.
— Otro aspecto de las graves condiciones en la que se encuentra la mujer, es el error asistencial que se comete llevándola a una cárcel de hombres. Como hemos hecho notar, generalmente por razones económicas no existen instituciones especiales para la mujer delincuente sino que se acondiciona un anexo o dormitorio dentro de la cárcel de hombres. En la práctica esto es una marginación y a la vez explotación porque las mujeres trabajan en la cocina o haciendo la limpieza.
— La carencia de un trabajo adecuado, en especial con objetivos de aprendizaje, la carencia de una sistemática asistencia educacional y cultural llevan a agravar la situación de la mujer dentro de la institución penitenciaria. La rebelión y resistencia permanente que ofrece la mujer no es otra cosa que la denuncia ante la marginación.

Si hemos señalado estas condiciones es porque en la mayoría de las instituciones se observan estas características y es obvio que ello no constituye ninguna asistencia para su rehabilitación social. Una simple casa con espacios adecuados y un personal consciente y capacitado en los problemas solucionan en gran parte esta situación y posibilitan una atención técnica y fundamentalmente humana.

En resumen, en los aspectos *clínicos criminológicos* debe tenerse en consideración:

— El modo particular, singular de su conducta delictiva, por ejemplo en relación al tipo de instrumento, el lugar donde tiene lugar el delito, la relación de conocimiento con la víctima, la conducta predelictiva tan especial en la mujer en la que aparece la *premeditación,* la *preparación* del delito de un modo casi obsesivo.

Hurwitz señala muy acertadamente que la forma de la delincuencia femenina está particularmente inclinada a la *complicidad* y sobre todo a la inducción.

Las dificultades surgen desde poder establecer un *rapport* en el tratamiento, porque la mujer está más convencida de su accionar delictivo, lo que implica a nuestra consideración una mayor patología psíquica.

Las características de la personalidad de la mujer que ha cometido un delito proyectan una inestabilidad afectiva, que debe ser analizada a través de un complicado proceso en su historia individual y el análisis de las fallas en los mecanismos de defensa psicológico que dan lugar a los impulsos destructivos.

En la mujer se observa, en relación a la edad que, a menor edad las conductas son sumamente autodestructivas (prostitución, drogadicción, infanticidio) y posteriormente predominan conductas de robo, estafas, tráfico de drogas, delitos pasionales.

El tratamiento debe estar basado en el diagnóstico, en el cuidadoso estudio sobre sus datos, por ejemplo, un fraude realizado por una persona con una neurosis histérica, es evidente que las primeras medidas de tratamiento deben estar encaminadas a lograr a través de psicología, una consciencia de su manejo en las relaciones interpersonales, en la que engaña para sus fines asociales. Es decir evitar la reincidencia en esas conductas delictivas, pero paralelamente estas personalidades son inestables en su comportamiento porque no han recibido el afecto y la atención adecuada, el ofrecer un programa de laborterapia que implique capacitación y respeto y superación son parte importante en las medidas de tratamiento y que posibilitarán su estabilidad. De la misma manera podemos referirnos a los aspectos médicos, visita familiar, visita conyugal,[36] programas pedagógicos, tendientes a una superación educativa en la mujer, las actividades deportivas en la institución, etc.

En el caso de la mujer se debe profundizar una psicoterapia de tipo familiar. Así como la mujer delincuente es el emergente del grupo familiar enfermo que se traduce en el comportamiento antisocial del mismo modo podemos decir que la *mujer-madre-delincuente* es portadora de ansiedad y conflicto, de inestabilidad emocional, ambivalencia afectiva, de agresividad. El estudio, el diagnóstico del grupo familiar y la psicoterapia son fundamentales para la recuperación de la mujer con una conflictiva antisocial.

Los hijos de las internas. El hecho de que los niños, con el propósito de que permanezcan al lado de la madre-interna, vivan en las instituciones penales, constituye una grave distorsión educativa. A nuestro criterio no deben estar en las instituciones carcelarias ya que la influencia del medio ambiente ansiógeno y patológico le crea a ese niño serias perturbaciones en la formación de su personalidad.

Generalmente los niños ingresan junto a la madre acompañándola a las cárceles y permanecen gran parte del proceso y sentencia. Hay muchos criterios y reglamentos referente a la edad límite que los niños pueden permanecer junto a la madre, niños menores de 10 años, 8 años, 5 años y 3 años.

La estadía en la cárcel le reportará a ese niño graves problemas en relación a sus niveles de desarrollo de maduración en todas las áreas de la personalidad: lenguaje, psicomotricidad, desarrollo social, etc.

Muchas instituciones carcelarias tienen guarderías con el fin de que el niño tenga un lugar propio, pero estas guarderías están inmersas en la problemática institucional carcelaria y son por ello también nocivas para el desarrollo sano del niño.

El niño, mientras la madre se encuentra en la cárcel debería permanecer con un familiar a través de un control periódico del Departamento de Trabajo Social, y la madre

[36] El departamento médico es el encargado del control para la visita conyugal y de orientación en cuanto a la planificación familiar.

debe ir a visitarlo a la casa no el niño visitar a la madre en la cárcel. Estas medidas preventivas son importantes en beneficio de la madre y principalmente del niño.

Si la interna llega embarazada a la institución debe tener el bebé en un hospital y luego permanecer en su casa hasta que el bebé cumpla por lo menos 1 años y continuar con el tratamiento externo. Esta medida bajo control del Departamento Médico y de Psicología.

El niño no debe vivir ni estar en la institución penitenciaria ya que el criterio que debe prevalecer es su protección y su educación.

Capítulo VIII

SALIDA DE LA INSTITUCION PENITENCIARIA

Si la situación de *ingreso* a una institución penitenciaria representa un verdadero *strees* para el individuo por el cambio existencial que debe realizar de su modo de vida, pérdida de la libertad, de su familia, del trabajo, la situación de *egreso* también provoca una intensa angustia y temor a enfrentarse con el medio social.

La *salida* de la institución es vivida por cada individuo de una manera particular, dependiendo de las características de personalidad, del delito cometido, de los antecedentes penales, de la actitud de la familia, de la edad y nivel cultural y especialmente del *tiempo* que ha permanecido en prisión.

Pero también dependerá el "tipo" de salida de los objetivos institucionales, que como hemos comentado si son de rehabilitación ayudarán al individuo en su preparación para su readaptación al medio social.

Ante la salida o egreso de la institución penitenciaria, sea en calidad de procesado o sentenciado, es conveniente realizar y tener claramente comprendido:

1. Diagnóstico clínico-criminológico del individuo.
2. Diagnóstico familiar.
3. Estudio victimológico.
4. Tipo de salida otorgada según las modalidades que marca la ley.
5. Control post-institucional.

Diagnóstico clínico-criminológico

Elaborado por todos los departamentos técnicos: medicina, psicología, psiquiatría, laboral, pedagógico, artístico cultural, deportivo y de seguridad. Este diagnóstico debe comprender todos los datos relacionados al delincuente, de su historia personal, de la conducta delictiva, de su comportamiento en la institución. Se debe aclarar que es necesario un *diagnóstico actualizado*. El diagnóstico inicial es importante y útil para comparar el grado de evolución, el individuo pudo haber modificado aspectos esenciales relacionados con la violencia o en otras áreas de su personalidad, por lo tanto es imprescindible conocer la *situación actual* del individuo.

Diagnóstico familiar

El diagnóstico familiar comprende el estudio de la familia, de la historia del núcleo familiar, de las relaciones interno-familia, de la reacción ante el delito, de la ayuda brindada por la familia al interno durante su reclusión penitenciaria.

Al igual que en el diagnóstico individual aquí también es necesario una *actualización* del estudio familiar a fin de observar y analizar la situación actual de la estructura familiar y principalmente las relaciones interno-núcleo familiar. Cabe plantear los siguientes interrogantes: ¿colaborará la familia en la reintegración social del interno, lo ayudarán en el trabajo, en las relaciones familiares creando una atmósfera de seguridad y afecto, ¿ayudarán en el control del comportamiento post-institucional?, ¿en el control preventivo para evitar la violencia?

La familia debe tomar conciencia de su responsabilidad para colaborar en el tratamiento post-institucional del interno y en su recuperación, en la medida que asista a un miembro de la familia, asumirá nuevas perspectivas en la salud mental de todo el núcleo familiar.

ESTUDIO VICTIMOLÓGICO

Este estudio replanteará los problemas victimológicos que pueden presentarse. El Departamento de Trabajo Social actualizará el estudio victimológico para conocer la actitud de la víctima o familiares de la víctima respecto al delito cometido y especialmente en relación a la salida próxima del interno.

El estudio victimológico también implica considerar la actitud vengativa de la familia del interno hacia las personas que han hecho la denuncia del delito.

Si el Consejo Interdisciplinario considera que existen problemas victimológicos, será necesario el traslado de la familia del interno lejos del domicilio de las víctimas, a través del Departamento de Trabajo Social. Esto representa que el interno no podrá salir de la institución a su casa (porque implica un enfrentamiento con la víctima y posibilidades de nuevas agresiones) hasta que la familia no se haya cambiado de domicilio. Debe señalarse la distancia entre familia del interno y víctima para evitar reincidencias.

El control post-institucional es importante para observar la evolución del interno, de su readaptación social, ayudarlo para enfrentar los problemas que puedan presentarse tanto en el núcleo familiar como en su medio social.

El control post-institucional es necesario en todos los casos, dependiendo el *tiempo de control,* de las características del individuo, de la conducta delictiva realizada, del comportamiento en la institución, de la estructura familiar y de la problemática victimológica.

El Consejo Interdisciplinario es el encargado de evaluar el diagnóstico como el tratamiento y en base a criterios criminológicos determinará el tiempo de control que será necesario en cada caso particular, a los fines de evitar reincidencias pero principalmente asegurarse que el tratamiento y la atención al interno continúa fuera de la institución penitenciaria permitiendo de esa manera una más amplia asistencia al interno.

Los problemas victimológicos que existen generalmente en los delitos de homicidios y delitos sexuales suelen generar nuevas conductas delictivas, entre los familiares de ofendidos y víctimas. Ejemplo: el interno que es "esperado" por los familiares de la víctima para matarlo y "cobrar" venganza del delito anterior; el interno con antecedentes alcohólicos que retoma sus hábitos de adicción cuando regresa a su casa y a su familia y que provoca y agrede nuevamente a los familiares de la víctima o a su propios familiares.

Es tan grave el *strees* de la salida institucional que muchas veces el interno vuelve a repetir conductas anteriores, las circunstancias familiares han cambiado y no asisten al interno en su rehabilitación. La salida produce angustia y tensión y si se carece de un control post-institucional, psicoterapia, asistencia familiar, el interno puede desencadenar conductas impulsivas y violentas.

El estudio victimológico es necesario e imprecindible en cada caso, sin tomar en consideración el tiempo de reclusión del interno, sea de 2 semanas, 7 meses a 12 ó 15 años. El Departamento de Trabajo Social es el responsable de realizar el estudio victimológico, de detectar nuevos problemas. Teniendo en consideración el delito cometido, el diagnóstico realizado por todos los departamentos técnicos, la actitud del interno hacia la víctima o familiares del interno.

No es raro encontrar que una favorable evolución psicoterapéutica, laboral, educacional dentro de la institución produce una conducta regresiva violenta al enfrentarse el interno en su salida con provocaciones, amenazas y lesiones cuando se enfrenta a los familiares de la víctima.

Es innegable que los resultados del diagnóstico, tratamiento individual, grupal e institucional se observan a la salida del interno de la institución penitenciaria. Y también es evidente que la reincidencia delictiva implica la consideración de graves fallas en el diagnóstico y tratamiento de ese individuo, de la carencia de preparación al núcleo familiar y al medio que recibirá al interno. De la preparación de éste en un nuevo modo de vivir con los demás. De la atenuación de los problemas victimológicos.

Tipo de salida otorgada según las modalidades que marca la ley

El interno *procesado* sale de la institución cuando lo señala y determina el juez que atiende su caso. En todos los casos la institución penitenciaria es responsable del estudio de diagnóstico clínico-criminológico, del estudio familiar y del estudio victimológico aunque el tiempo, muy corto de permanencia del sujeto en la institución no haya permitido un tratamiento individual y grupal. El concepto que debe prevalecer es el de la *prevención*. Orientaciones al interno procesado, conocimiento de su real situación, conocimiento de la problemática que ocasionó el delito, o la denuncia, conocimiento de la víctima, y orientaciones al núcleo familiar del procesado.

En el *interno sentenciado*, el Consejo Interdisciplinario evalúa de acuerdo a los informes técnicos la *salida* o la *permanencia* o la *postergación*, así como el *tipo de modalidades* de la salida teniendo como base el diagnóstico, el tratamiento, el tiempo de sentencia (es la base para considerar su salida), la situación familiar, el estudio victimológico.

El Consejo Interdisciplinario integra todos los datos relacionados al interno sobre el diagnóstico y tratamiento, así como el medio familiar y social al cual retornará el interno. Pretende contestar a preguntas como: ¿Está el individuo en condiciones de salir a vivir con la familia? ¿Puede continuar desarrollándose sanamente para sí mismo y para su medio social? ¿Ha logrado una mayor sensibilidad y respeto hacia otras personas, una conciencia de las motivaciones que lo han llevado a la crisis que representó la conducta delictiva? ¿Ha tomado conciencia de sus mecanismos autodestructivos? ¿Ha mejorado en cuanto al trabajo, educación o escolaridad? ¿La familia está en condiciones psicológicas para recibir al interno? ¿No se producirán rechazos y pautas de reaseguramientos a nuevas conductas violentas?

La preocupación del Consejo Interdisciplinario y las preguntas que surgen de esa preocupación están basadas en las características de cada caso en particular, pero teniendo como objetivo la protección al individuo y la comunidad.

El Consejo Interdisciplinario de la institución penitenciaria determinará el tipo de salida que otorgará al interno. Siempre es conveniente, especialmente para el interno, que sea en forma progresiva para una adecuada adaptación social.

La salida o egreso del interno de la institución se debe realizar en forma *gradual* y atendiendo a la problemática individual, de cada persona, para evitar las situaciones de *strees* al enfrentarse con normas y patrones sociales "normales" y distintos de los vivenciados dentro de la institución.

Existen diferentes formas de prelibertad:

a) Método colectivo, excursiones culturales.
b) Prisión abierta.
c) Salida diurna con reclusión nocturna.
d) Salida fin de semana. Reclusión durante la semana.
e) Salida durante la semana. Reclusión fin de semana.
f) Presentación diaria a la institución.
g) Presentación una vez a la semana.
h) Presentación quincenal a la institución.
i) Reporte o presentación mensual a la institución.
Libertad condicional.

MÉTODO COLECTIVO, EXCURSIONES CULTURALES

La excursión podríamos definirla sencillamente diciendo que un grupo de internos, a quien el Consejo Interdisciplinario otorgó el permiso preliberacional sale de paseo durante un día. Este método señala el penitenciarista. A. SÁNCHEZ GALINDO[1] pretente dar una orientación última al sujeto que todavía se encuentra en la institución haciéndole tomar conciencia de su situación bio-psico-social y cultural mediante la visita a centros históricos, culturales, educativos e industriales,

---

1 A. SÁNCHEZ GALINDO. Resultados en el tratamiento preliberacional a los internos del Centro Penitenciario del Estado de México en cinco años de funcionamiento. México, 1974.

en este último además de los fines ya apuntados informa al interno sobre el medio industrial y laboral al que retornará.

La excursión se lleva a cabo cada 15 ó 20 días. A título de ejemplificación presentaremos dos recorridos:

1. Esta excursión tiene por objetivo conocer lugares históricos y museos de la ciudad. Los internos alrededor de 35 ó 40, no visten uniforme sino sus ropas particulares. También integran el grupo el director o subdirector de la institución, dos trabajadores sociales y un psicólogo.

— Se visita: Museo de Antropología, en especial tres salas, Maya, Mexica y Teotihuacana. Personal del museo proporciona al grupo una explicación histórica-antropológica.
— Comida en el bosque de Chapultepec. Posteriormente paseos en lanchas o caminatas en el parque.
— Visita a la exposición de pinturas en el Museo de Bellas Artes. Observación de la pintura mural mexicana.
— Recorrido en una línea del metro (subterráneo) para que los internos conozcan y aprendan a utilizar este transporte colectivo.
— Asistencia a un espectáculo teatral (obra que contengan un fin formativo).
— Regreso a la institución.

2. La finalidad de esta excursión es conocer algunas industrias y zonas arqueológicas del Valle de Toluca.

— Salida de la institución (alrededor de las 9:00 de la mañana).
— Visita a la planta industrial Automex, observación del proceso de fabricación automotriz.
— Comida en el Parque Matlazinca.
— Visita a la escuela de agricultura. Explicación por personal técnico de los diferentes cultivos de la región.
— Visita a la zona arqueológica de Calixtlahuaca.

— Asistencia al concierto de la Orquesta Sinfónica del Estado en el Teatro Morelos de la ciudad de Toluca.
— Regreso a la institución.

A través del método colectivo de prelibertad se logra que exista un primer contacto social exterior controlado, y de esa manera se evitan situaciones fóbicas, miedo, angustia y agresión de los internos.

El objetivo principal de este método colectivo de la excursión es una auténtica preparación para la salida definitiva del interno.

El hecho de recuperar la libertad, interactuar en situaciones sociales concretas, son todas conductas que requieren un aprendizaje ya que muchas veces el proceso resulta para la mayoría de los internos lento y difícil. En el método colectivo, el interno recibe psicoterapia de apoyo y orientación. De parte de la institución podríamos decir que a través de la excursión cultural se reasegura el tratamiento que comenzó desde que el interno ingresó a la prisión.

Durante la permanencia en la institución penitenciaria el interno se ha habituado a tener un espacio límite, a ver y relacionarse con determinadas personas, a aceptar normas y valores especiales, a realizar conductas estereotipadas. Todos estos problemas configuran que el interno en su experiencia en prelibertad sufra una serie de cambios muy significativos. Entre estos cambios podemos mencionar:

Percepción de la imagen corporal, se observa que existe en los internos una actitud de tipo emocional ante el contacto con el exterior y esto se traduce en un cambio en la imagen corporal. La propia imagen adquiere significado que se manifiesta en un deseo de cambiar la imagen "interno" para volver a tener una identificación propia singular. Se advierte un interés especial en el propio cuerpo que está relacionado a una actitud social de ser "visto". Es decir el interno pasa de una etapa en que se siente aislado y poco interesado en sí mismo a otra etapa en que desea ser individualizado.

Estos cambios observados en el esquema corporal de los internos que salen en prelibertad se explica en el sentido que nuestro esquema corporal cambia constantemente de acuerdo con las circunstancias sociales que debemos enfrentar. Construimos nuestra imagen, la disolvemos y volvemos a construir, esto se realiza a través de procesos de identificación y proyección.[2] Pero cabe señalar que una vez creada la imagen corporal de acuerdo a nuestras necesidades ésta sigue experimentando cambios que están vinculados a las constantes transformaciones de las relaciones interpersonales (el aquí y el ahora) de las relaciones interpersonales con los demás. De ahí las transformaciones en la vestimenta, peinados, ornamentos que provoca la salida de excursión. Y se advierte con mayor amplitud en las internas.

Cuando el interno participa por primera vez en el método colectivo se pueden observar en los problemas perceptivos, alteración de la identificación de objetos las percepciones son lentas, existen problemas en la percepción de profundidad, es decir alteraciones de la apreciación de los objetos que están en determinada distancia, la atención debido a la intensidad de los estímulos se hace pasiva, espontánea, se observan alteraciones en la duración de la atención y la fluctuación es notoria.[3] Presentan trastornos en el lenguaje por disfemias y el pensamiento se manifiesta inhibido. En realidad son muy sensibles pero piensan poco acerca de lo que sienten, en el material verbal pueden llegar a expresarse con cierta objetividad, pero esto ocurre con referencia a situaciones concretas.

Se manifiestan problemas de actividad motora, en especial agotamiento por las actividades desarrolladas durante la excursión o por el contrario una hiperactividad. Estas alteraciones sensorio-motrices son debidas generalmente al lapso de tiempo que han pasado en un lugar de espacio determinado. Obviamente en la medida que el individuo se va incorporando al medio externo, estos problemas van disminuyendo hasta llegar a un grado sensorio-motriz normal.

Se observa que durante la salida de prelibertad se reactivan miedos y temores, aislamiento y una permanente angustia de

---

[2] Véase Paul Schilder, *Imagen y apariencia del cuerpo humano.* Ed. Paidós, 1958.

[3] Alexander Bal, *La atención y sus enfermedades.* Ed. Paidós, 1972.

sentirse perdido. La personalidad atenúa esos miedos a través precisamente de conductas de vinculación, relación de apego a una persona, por ejemplo, a un técnico. Existe una imposibilidad de parte de algunos internos de alejarse, de observar y pensar, necesidad de una fuerte conexión con el grupo.

La angustia que causa el contacto exterior y los temores subyacentes se observan asimismo en la acentuada oralidad, una gran necesidad de incorporar alimentos.

Se manifiesta en forma clara la necesidad de dependencia y la dificultad que presentan para llegar a una autoafirmación de su personalidad, así como poder lograr una autonomía.

La estructura de la comunicación [4] durante la excursión está manejada por un manejo verbal precario, realizado en términos de acción. Se detecta un esfuerzo de parte de los internos, por un acercamiento hacia el otro (tanto interno como el grupo) que si bien se da en un plano físico no se concreta en la comunicación verbal (código somático).

La conducta de visitar áreas relacionadas a aspectos culturales y sociales tiene una marcada significación para la formación de los internos, es decir el grado de información y de educación. De esta manera el área de conocimientos se extiende y en consecuencia se manifiestan intereses hacia temas históricos, sociales, culturales, laborales, etc. Psicológicamente esto es destacable porque las fuerzas de los intereses y la motivación representan aspectos de la personalidad del interno y esas características afectan materialmente su adaptación tanto en el plano social, laboral, familiar como individual.

Se observa en los internos una actitud de reaccionar de un modo más favorable hacia el medio ambiente; se observan conductas de solidaridad, una mayor capacidad hacia valores como el trabajo y el medio social y familiar. Esta conducta equivale a una sensibilidad de poder identificarse con los problemas de los demás y por lo mismo denotan una actitud de convivencia y más control y menor agresividad.

---

[4] Ver D. Liberman, *La comunicación en terapéutica psicoanalítica.* Ed. Eudeba.

Prisión abierta

Son muy conocidos los aportes de este sistema abierto [5, 6] en la rehabilitación del interno, y en su preparación para la salida definitiva. Es una instalación independiente del resto de la institución y los internos que se encuentran en esta fase de preliberación por lo general han participado en las excursiones culturales y en permisos al domicilio de sus familiares.

En la prisión abierta el interno vive en un régimen de autogobierno y sin vigilancia, con control administrativo de alimentos. Continúan asistiendo a la psicoterapia individual o grupal. Trabajan en actividades extrainstitucionales, en la que será su futura actividad laboral.

Los internos que se encuentran en esta fase salen los fines de semana a visitar a sus familiares, durante el sábado y domingo permanecen en el domicilio familiar. Esto representa una vinculación progresiva y una nueva adaptación en las relaciones interno-familia, que resulta positiva tanto para el interno como para los miembros de su familia.

Salida diurna con reclusión nocturna

Como la palabra lo indica el interno sale durante el día a trabajar y retorna a la institución para su reclusión durante la noche. Por lo general él ya se encuentra en la fase de autogobierno que significa la institución o prisión abierta.

Esta modalidad de salida se otorga a los internos que están en ciertas circunstancias, por ejemplo, el interno necesita ayudar económicamente a la familia, trabaja y se va adaptando a una actividad laboral, pero al existir problemas victimológicos no puede volver a su domicilio y necesita el cambio de casa y de traslado del núcleo familiar para evitar nuevos problemas. En los internos que carecen de un núcleo familiar, la

---

5 Ver E. Neuman, *Prisión abierta.* Ed. Depalma, Buenos Aires, 1968.

6 Ver A. Sánchez Galindo, "El contexto penitenciario del Estado de México", *Rev. Mexicana de Prevención y Readaptación Social,* México, 1972.

actividad laboral es uno de los aspectos esenciales en su readaptación social y en las relaciones interpersonales que establezcan. En los internos que presentan antecedentes de alcoholismo, el control institucional es sumamente importante para controlar sus impulsos a la adicción. Asimismo en los internos con antecedentes de drogadicción, en la que el control médico es necesario para facilitar la observación diaria.

Salida de fin de semana

Esta modalidad representa que el interno sale el fin de semana a su domicilio y se recluye durante la semana en la institución (puede ser en la prisión abierta o en la institución de seguridad mínima).

Además de constituir una medida de preparación para el egreso definitivo del interno, es una auténtica preparación en las relaciones entre el interno y su núcleo familiar, más aún si se han observado ambivalencias, aceptación y rechazo en algunos miembros. Permite que la familia vaya aceptando paulatinamente el regreso del interno al grupo familiar. Permite también que el interno comience a informarse dónde podrá trabajar, en qué lugar de su comunidad.

Es interesante apreciar de qué manera el interno que ha participado en las excursiones culturales lleva a su familia, en ese fin de semana, a los mismos lugares que él ha conocido pocos días antes. Enseña a sus hijos y a la esposa, museos o paseos y esto significa nuevas perspectivas en las relaciones familiares.

Salida durante la semana, reclusión fin de semana

En los casos con graves antecedentes de adicción alcohólica es necesario que el interno esté controlado el fin de semana en la institución.

El interno sale durante toda la semana, permanece con su familia, trabaja y se va adaptando progresivamente a sus actividades cotidianas. El fin de semana puede estar en la prisión abierta, en el régimen de autogobierno pero controlado médicamente, a los fines de evitar problemas de alcoholismo que están siempre muy vinculados a desencadenantes violentos.

Se orientará al núcleo familiar para que colabore en el control del alcoholismo, en la medida que el interno se reintegre los fines de semana a su hogar será necesario controles periódicos a nivel médico y psicoterapéutico.

Presentación diaria a la institución

El interno en esta fase ya ha regresado con la familia, trabaja, y al parecer todas las circunstancias favorecen para una adecuada reintegración social. Sin embargo el Consejo Interdisciplinario llega a la conclusión de que es necesario una presentación diaria del interno a la institución debido generalmente a los antecedentes policiales y penales que presenta el individuo. O a las características de impulsividad y violencia hacia el núcleo familiar, o su inestabilidad laboral y de comportamiento. Este control institucional se realiza con los internos reincidentes y no es vigilancia de su conducta sino una continuidad en el tratamiento, lo que significa que el interno se presente diariamente, pero que a la vez, Trabajo Social visite a la familia y detecte la situación familiar.

La presentación diaria a la institución implica que el interno se reporte, asista a su psicoterapia individual, sea entrevistado por un trabajador social o el médico, de acuerdo a los criterios del personal encargado del tratamiento, puede ser semanal o dos veces a la semana.

Presentación a la institución una vez a la semana

Cuando el individuo ha llegado a esta fase significa que en sus etapas anterior la salida y su reincorporación familiar y social ha sido sumamente favorable.

En esta modalidad de presentación a la institución una vez a la semana, el día y la hora de acuerdo a las actividades laborales del interno, pero que a la vez permita la entrevista con los técnicos penitenciarios. Es decir, es conveniente que el interno se presente en la semana a una hora que pueda ser entrevistado por el psicólogo y trabajador social. En ningún caso se debería permitir la presentación semanal del interno durante las horas de la noche.

La presentación semanal a la institución es un control, un reporte de que la reinserción social a su medio va desarrollándose de una manera adecuada para la salud física, psíquica y social del interno y de la familia. Implica conocer los problemas que se le van presentando al interno y cómo, de qué manera los enfrenta y los soluciona. Es conocer las preocupaciones del individuo y sus expectativas en cuanto a su futuro.

Presentación quincenal a la institución

La fase anterior se amplía y en esta modalidad de preliberación el interno se presenta cada quince días a la institución.

Es entrevistado por los técnicos y se conoce su evolución y la de su familia. También se integra a estas observaciones la visita que ha realizado el trabajador social sobre la situación familiar.

La fase de presentación quincenal representa que el individuo va adquiriendo su autonomía y una relación sana con su medio, que le permitirán una atenuación de su angustia y por lo mismo nuevas posibilidades en su desarrollo.

Presentación mensual a la institución

Cuando el interno llega a esta fase de presentación mensual a la institución penitenciaria está en condiciones de obtener su libertad condicional.

Esta modalidad no difiere en su contenido de las anteriores, ya que aquí también se realiza la entrevista y control del personal penitenciario sobre la situación actual del interno, de la familia. Es necesario la visita familiar por el departamento de trabajo social y a veces por el psicólogo para observar y ayudar al interno y a su núcleo familiar.

En los casos en que el interno tenga su domicilio a mucha distancia de la institución puede reportarse por telegrama o por teléfono, siempre que esté autorizado por el Consejo Interdisciplinario, aunque siempre es recomendable "ver" al interno, hablar con él, trasmitir un apoyo y un interés hacia él y lo que está viviendo.

Control post-institucional

El control post-institucional tiene por objetivo principal la continuación del tratamiento. El Consejo Interdisciplinario determina la modalidad de preliberación según el caso particular y también evalúa el tiempo de permanencia del interno en cada fase.

Si el interno después de cuatro o cinco participaciones en el método colectivo de excursiones, está en condiciones, según los estudios de diagnóstico, de salir los fines de semana, lo determinará el análisis y los criterios que elabore el Consejo Técnico Interdisciplinario.

El control-post-institucional comprende:

a) Asistencia al interno en su reintegro al medio familiar, laboral, educacional, social.

b) Asistencia a la familia del interno con orientaciones para una integración familiar sana.

c) Asistencia al interno en su actividad laboral, es decir, que sus antecedentes policiales y penales no surgan como impedimentos para su trabajo. Exitar que el interno esté desempleado.

e) Asistencia educacional. En el caso de jóvenes que deseen continuar estudiando y completar de esa manera sus estudios, ayudarlo para su ingreso a escuelas o institutos educacionales.

f) Entrevistas realizadas por los técnicos, preferentemente los que conocen al interno desde su ingreso a la institución, sobre la situación actual que vive el interno.

g) Visitas al núcleo familiar del interno para conocer y observar la dinámica familiar, la actitud de los miembros de la familia hacia él y del interno hacia la familia. El grado de aceptación, rechazo, aislamiento, etc., que puede surgir ante la reintegración familiar.

h) Solicitud a las autoridades del lugar donde vive el interno para que colabore en este control post-institucional, esto en los casos que sean necesarios y si existen latentes problemas victimológicos.

i) El Consejo Interdisciplinario determina hasta qué momento se ejerce este control post-institucional, si hasta que el interno obtenga su libertad condicional, o su libertad definitiva, o mucho tiempo después de haber cumplido su sentencia y el control periódico sigue como medida preventiva.

j) En el caso de que el interno presente una conducta de agresividad o un comportamiento antisocial, por ejemplo, presentarse en estado alcohólico a la institución, amenazar a sus familiares, etc. El Consejo Técnico Interdisciplinario debe evaluar la situación y tomar nuevas medidas de tratamiento, de acuerdo al diagnóstico individual y a los datos de la historia y comportamiento del interno. En estos casos es necesario replantear el diagnóstico y el tratamiento.

En resumen la salida de la institución penitenciaria siempre debe ser, en el caso de los internos sentenciados, gradual, progresiva para un control adecuado del comportamiento del individuo, pero para evitar conductas de violencia y agresión ante la angustia que representa el contacto y enfrentamiento con el medio exterior.

Podemos decir que en la salida del interno se proyectan de manera clara los objetivos institucionales de rehabilitación, de asistencia al hombre con una problemática antisocial. En la salida se proyecta también la labor desarrollada en las diferentes etapas del tratamiento institucional, se valora el diagnóstico individual y familiar.

BIBLIOGRAFIA

ABRAHAM, *Psicoanálisis clínico.* Ed. Horme, Buenos Aires, 1959.

ABRAHAMSEM, David., *Delito y psique.* Fondo de Cultura Económica, México, 1964.

ACKERMAN, *Diagnóstico y tratamiento de las relaciones familiares.* Ed. Hormé, Buenos Aires.

ACKERMAN y otros, *Teoría y práctica de las relaciones familiares.* Ed. Proteo, Buenos Aires, 1970.

ACHARD, Pedro, "Pedagogía correctiva". *Revista Mexicana de Prevención,* México, 1975.

ADATO DE IBARRA, V., *Preparación de personal penitenciario.* Congreso Nacional Penitenciario, México, 1974.

ADLER, A., *Psicología del individuo.* Ed. Paidós, Buenos Aires.

ALEXANDER, *Neurosis, sexualidad y psicoanálisis.* Ed. Paidós, Buenos Aires, 1958.

ALEXANDER y STAUB, *El delincuente y sus jueces desde el punto de vista psicoanalítico.* Ed. Biblioteca Nueva, 1961.

ANASTASI, T., *Tests psicológico.* Ed. Aguilar, Madrid, 1964.

ARIETI, *Interpretación de la esquizofrenia.* Ed. Labor, Barcelona, 1965.

BAJARLIA, J., *Sadismo y masoquismo en la conducta criminal.* Ed. Abeledo Perrot, Buenos Aires, 1959.

BARROSO, Miguel, *Alteraciones morfológicos producidos por inhalantes.* Cuadernos Cemef, México, 1975.

BASAGLIA, F., *La asistencia psiquiátrica como problema social.* Ed. Cuadernos Anagrama, Barcelona, 1972.

BASAGLIA, F., *La institución negada,* Ed. Barral, Barcelona, 1972.

BECERRIL y BARRANCO, J., "El Trabajo Social en Centro de Readaptación social". *Rev. de Criminología,* 1978.

BLEICHMAIN, H., *La depresión, un estudio psicoanalítico.* Ed. Nueva Visión, Buenos Aires, 1980.

BARRETO, G., *Integración y funcionamiento de consejos técnicos interdisciplinarios.* V Congreso Penitenciario, México, 1975.

BECK, J., *El examen de la inteligencia y de la personalidad del niño.* Ed. Paidós, Buenos Aires, 1966.

BELSASSO, G., *Aspectos generales sobre inhalantes.* Cuadernos Cemef, México, 1975.

BERGER y BERGER, *Grupo familiar, psicología y psicopatología.* Ed. Nova, Buenos Aires.

BERGMAN, G., "Reflexiones existenciales sobre la vejez". *Rev. Madurez,* México, 1976.

BERGMAN, G., *La psicoterapia de la niñez a la senectud.* Ed. Paidós, Buenos Aires, 1971.

BERNARDO DE QUIROZ, Constancio, *Lecciones de derecho penitenciario.* Ed. Texto Universitario, México, 1953.

BION, *Experiencias en grupos.* Ed. Paidós, Buenos Aires, 1963.

BLEGER, *Psicología de la conducta.* Ed. Eudeba, Buenos Aires, 1963.

BLEGER, J., *Simbiosis y ambiguedad.* Ed. Paidós, Buenos Aires, 1967.

BLEGER, J., *Temas de psicología.* Ed. Visión, 1978.

BONAPARTE, M., *La sexualidad de la mujer.* Ed. Hormé, Buenos Aires, 1961.

BOWLBY, *El cuidado maternal.* Ed. Fondo de Cultura Econóca, 1974.

BOWLBY, "Privación materna y delincuencia". *Rev. Criminología,* México, 1978.

BROMBERG, W., *Estudio psiquiátrico del homicidio.* Ed. Morata, Madrid, 1963.

BURGER PRINZ y LEWRENZ, *Criminalidad en edad avanzada, sexualidad y crimen.* Ed. Reuz, Madrid, 1969.

CARRANCÁ y TRUJILLO, *Sociología criminal y derecho penal.* Escuela de Ciencias Políticas y Sociales, México, 1955.

CLECKEY, H., *Psychopatic state.* American Handbook of Psychiatry, Nueva York, 1959.

CHAVARRÍA, T. y GUTIÉRREZ, C., "La educación en instituciones preventivas". *Rev. Criminología,* 1978.

COSACOV, Gustavo, "Jubilación y legislación de cambio social". *Rev. Madurez,* México, 1977.

COWDRY, *El cuidado del paciente geriátrico.* Ed. Prensa Médica, México, 1962.

CHOISY, *Psicoanálisis de la prostitución*. Ed. Paidós, Buenos Aires, 1964.

DI TULLIO, B., *Tratado de antropología criminal*. Ed. Ipac, Buenos Aires, 1950.

DI TULLIO, B., *Principios de criminología clínica y psiquiatría forense*. Ed. Aguilar, Madrid, 1966.

DOSHEY, L., *El niño delincuente sexual*. Ed. América Lee, Buenos Aires, 1945.

DUCAH, P., SERRONE, A. y OVIEDO, "Estudio comparativo de la personalidad de un grupo de jóvenes delincuentes". *Rev. Criminología Nº 1,* Córdoba, Argentina, 1968.

DURKHEIM, E., *El suicidio,* Ed. Chapir, 1965.

ENSENSBERGER, H., *Política y delito*. Ed. Barral, Barcelona, 1958.

ERIKSON, E., *Infancia y sociedad*. Ed. Hormé, Buenos Aires, 1961.

ERIKSON, E., "El problema de la identidad del yo". *Rev. Uruguaya de psicoanálisis,* 1963.

EY y otros, *Tratado de psiquiatría*. Ed. Torray Masson, Barcelona, 1961.

EY, H., "Naturaleza y clasificación de las enfermedades mentales", *Revista psicoanálisis de México,* 1967.

FERENCZI, *Sexo y psicoanálisis*. Ed. Hormé, Buenos Aires, 1959.

FRAZIER y CARR, *Introducción a la psicopatología*. Ed. Ateneo, Buenos Aires, 1975.

FREUD, Anna, *Niños sin hogar*. Ed. Imán, Buenos Aires, 1949.

FREUD, A. y BURLINGHAM, *La guerra y los niños,* Ed. Hormé, Buenos Aires, 1965.

FREUD, S., *Los delincuentes por sentimientos de culpabilidad*. Obras Completas.

FREUD, S., *Dostoyevsky y el parricidio.*

FREUD, S., *Totem y tabú, ob. cit.*

FREUD, S., *Consideraciones de actualidad sobre la guerra y la muerte,* Obras completas.

FREUD, S., *Psicología de las masas,* Obras completas.

FREUD, S., *Inhibición, síntoma y angustia*. Obras completas.

FRIEDLANDER, K., *Psicoanálisis de la delincuencia juvenil*. Ed. Paidós, 1966.

FOULKES, *Psicoterapia psicoanalítica de grupo*. Ed. Paidós.

FROMM y REICHMAMM, *Psicoterapia de la psicosis*. Ed. Hormé, 1962.

GARCÍA RAMÍREZ, Sergio. *Delitos en materia de estupefacientes y psicotrópicos.* Ed. Botas, México, 1974.

GARCÍA RAMÍREZ, S., *Cuestiones criminológicas y penales contemporáneas.* Cuadernos del Instituto de Ciencias Penales, México, 1981.

GARCÍA MORENO, I., "Diagnóstico odontológico del delincuente". *Rev. Criminología,* 1978.

GARCÍA, Reynoso, *Depresión, melancolía y manía.* Ed. Visión, 1975.

GARMA, A., *Sadismo y masoquismo en la conducta humana.* Ed. Nova, Buenos Aires, 1960.

GREENACREE, *Trauma, desarrollo y personalidad.* Ed. Hormé, 1960.

GIBBONS, D., *Delincuentes juveniles y criminales.* Ed. Fondo de Cultura Económica, 1969.

GIESE y GERSATIEL, *Psicopatología de la sexualidad.* Ed. Morata, Madrid, 1964.

GLOVER, *The psychopathology of prostitution.* Londres, 1957.

GLOVER, *Psicología del miedo y del coraje.* Ed. Siglo XX, Buenos Aires, 1963.

GUTIÉRREZ, Trinidad, "Seguridad en instituciones penitenciarias". *Rev. Criminología,* México, 1978.

GLUECK SHELDON, *Criminales de guerra.* Ed. Anaquel, Buenos Aires, 1946.

GOLSDTEIN, *La naturaleza humana a la luz de la psicopatología.* Ed. Paidós, Buenos Aires, 1961.

GÓMEZ GRILLO, E. *Introducción a la criminología.* Ed. Universidad de Venezuela, 1964.

GRINBERG, *Culpa y depresión.* Ed. Paidós, Buenos Aires, 1963.

GUILLERME, J., *Longevidad.* Ed. Eudeba, Buenos Aires, 1968.

GUILLY, P., *La edad crítica.* Ed. Eudeba, Buenos Aires, 1972.

GUZMÁN, Franco, "El problema sexual en las prisiones", *Rev. Mexicana de Prevención,* 1973.

HALL, G., *Criminología.* Ed. Depalma, Buenos Aires, 1963.

HALL, W., "Estudios de predicción", *Rev. de Criminología,* México, 1978.

HESNARD, A., *Psicología del crimen.* Ed. Reus, Barcelona, 1963.

HIEBS, H., *La problemática científica de la psicología actual.* Ed. Ordelus, 1968.

HILL, *Psicoterapia de la esquizofrenia.* Ed. Paidós, 1956.

HIGUERA, G., y ANDRADE, G., "Proyecto de instalación de industrias en los centros de rehabilitación, *Rev. Mexicana de Prevención,* 1975.

HOMANS, *La naturaleza de la ciencia social.* Ed. Eudeba, 1970.

HOMANS, C., *El grupo humano.* Ed. Eudeba, 1950.

HURWITS, *Criminología.* Ed. Ariel, Barcelona, 1956.

JACOBSON, *Conflicto psicótico y realidad.* Ed. Proteo, 1970.

JASPERS, K., *Psicopatología general.* Ed. Beta, 1955.

JERSILD, A., *Psicología del niño.* Ed. Eudeba, 1961.

JONES, E., *La pesadilla,* Ed. Paidós, 1967.

JONES, M., *Psiquiatría social.* Ed. Escuela, Buenos Aires, 1966.

KANNER, L., *Psiquiatría infantil.* Ed. Paidós, Buenos Aires, 1973.

KASANIN, *Lenguaje y pensamiento en la esquizofrenia.* Ed. Hormé, Buenos Aires, 1958.

KARPMAN, *El crimen sexual y sus motivaciones.* Ed. Hormé, 1974.

KARPMAN, *El delito y los delincuentes.* Ed. Hormé, 1973.

KARPMAN, *La psicopatología sexual.* Ed. Hormé, 1974.

KLEIN y REVIERE, *Las emociones básicas del hombre.* Ed. Nova, Buenos Aires, 1960.

LACAN, *Psicosis paranoica y su relación con la personalidad.* Ed. Lefrançois, Francia, 1932.

LACAN, J., "Motivos del crimen paranoico", *Rev. Minotaure,* Francia, 1933.

LAING, *Esquizofrenia y presión social.* Ed. Turquets, Barcelona, 1972.

LAMOGLIA CUEVA, Barrios, "Inhalación de solventes y cementos plásticos por adolescentes", *Rev. Mexicana de Prevención,* 1972.

LEVIN, Kahana, *Los procesos psicológicos en el envejecimiento.* Ed. Hormé, Buenos Aires, 1973.

LIBERMAN, D., *La comunicación en terapéutica psicoanalítica,* Ed. Eudeba, Buenos Aires, 1962.

LIMA MALVIDO, M., *La personalidad psicopática,* México, 1976.

LOMBROSO, C., *El hombre delincuente.* Ed. Bocca, 1889.

LUDER, I., "Importancia de la clínica criminológica", *Rev. Dolencia Criminológica,* La Plata, 1961.

MAC CORD, W., *El psicópata.* Ed. Hormé, Buenos Aires, 1962.

MAISONNEUVE, *Psicología social.* Ed. Paidós, Buenos Aires, 1960.

MALINOVSKI, B., *Crimen y costumbres en la sociedad salvaje.* Ed. Ariel, Barcelona, 1956.

MALINOVSKI, *Una teoría científica de la cultura.* Ed. Sudamericana, Buenos Aires, 1966.

MALO CAMACHO, G., *Manual de Derecho Penitenciario.* Secretaría de Gobernación, México, 1976.

MARCO DEL PONT, L., *Penología y sistemas carcelarios.* Ed Depalma, 1974.

MARCHIORI, H., *Psicología de la conducta delictiva.* Ed. Pannedille, Buenos Aires, 1973.

MARCHIORI, H., *Psicología criminal.* Ed. Porrúa, 1975.

MARCHIORI, H., *Personalidad del delincuente.* Ed. Porrúa, 1978.

MAYER, Gross, *Psiquiatría clínica.* Ed. Paidós, Buenos Aires, 1958.

MAYER, Gross, *Las enfermedades mentales en el niño y en el adolescente.* Ed. Paidós, Buenos Aires, 1967.

MEAD, Margaret, *Psicología de la personalidad.* Ed. Paidós, 1966.

MERGEN, *La prostitución, sexualidad y crimen.* Ed. Reus, 1969.

MERTON, *Anomía e interacción social.* Ed. Paidós.

MIDDENDORFF, W., *Sociología del delito.* Ed. Occidente, Madrid, 1961.

MILLON, T., *Psicopatología y personalidad.* Ed. Interamericana, México, 1974.

MORENO GONZÁLEZ, Rafael, "Servicio médico penitenciario", *Rev. Mexicana de Prevención,* 1972.

MORENO GONZÁLEZ, Rafael, *Manual de Introducción a la Criminalística.* Ed. Porrúa, 1979.

NEUMAN, E., *Prisión abierta.* Ed. Depalma, Buenos Aires, 1968.

NEUMAN, E., *Criminología y reforma carcelaria.* Ed. Pannedille, Buenos Aires, 1970.

NICÉFORO, A., *Criminología.* Ed. Cajica, México, 1955.

NOYES y KOLB, *Psiquiatría clínica moderna.* Ed. Prensa Médica, México, 1971.

NÚÑEZ, Ricardo, *Manual de Derecho Penal.* Ed. Lerner, 1972.

PATIÑO, Silvia, "Tratamiento integral para menores", *Rev. Criminología,* Estado de México, 1978.

PATIÑO, J., *Apuntes de psiquiatría clínica,* México, 1975.

PELÁEZ, M., *Introducción a la criminología.* Ed. Depalma, 1966.

PELLEGRINI, *Sexología.* Ed. Morata, Madrid, 1968.

PICHÓN RIVIERE, E., *Teoría del vínculo.* Ed. Nueva Visión, 1980.

PIÑA y PALACIOS, "Lenocinio y prostitución", *Revista Mexicana de Prevención y Readaptación,* México, 1972.

POLITZER, *Los escritos psicológicos.* Ed. Alvarez, 1965.

QUIROZ CUARÓN, A., *Medicina Forense.* Ed. Porrúa, México, 1977.

QUIROZ CUARÓN, A., *El tratamiento del menor en estado antisocial.* Congreso Nacional sobre el Régimen Jurídico del Menor, México, 1973.

QUIROZ CUARÓN, A. y MAINEZ FUENTES, *Psicoanálisis del magnicidio.* Ed. Jurídica Mexicana, 1965.

RASBRUCH y WINNER, *Historia de la criminalidad.* Ed. Bosh, Barcelona, 1955.

RASCOVSKY y LIBERMAN, *Psicoanálisis de la manía y la psicopatía.* Ed. Paidós, 1966.

REIK, T., *Psicoanálisis del crimen.* Ed. Paidós, 1949.

Revista de Política Criminal. Naciones Unidas.

RODRÍGUEZ MANZANERA, L., *La delincuencia de los menores en México,* Ed.. Botas, México, 1971.

RODRÍGUEZ MANZANERA, L., *Criminología,* Ed. Porrúa, 1979.

REIDL, Lucy, *Prisionalización en una cárcel de mujeres.* Instituto de Ciencias Penales, 1976.

ROHEIM, G., *Magia y esquizofrenia.* Ed. Paidós, Buenos Aires, 1959.

RUIZ HARRELL, *El consumo ilícito de drogas en una población penitenciaria.* México, 1974.

SABIDO, Julia, "Las actividades artísticos-culturales planificadas en el tratamiento de rehabilitación", *Rev. Criminología,* 1978.

SÁNCHEZ GALINDO, A., *Manual de conocimiento básico de personal penitenciario,* México, 1974.

SÁNCHEZ GALINDO, A., "El perfil del delincuente en el Estado de México", *Revista Mexicana de Prevención,* 1975.

SÁNCHEZ GALINDO, A., "El contexto penitenciario del Estado de México", *Revista Mexicana de Prevención,* 1972.

SAVIT, *Psicología del drogadicto.* Ed. Alonso, Bs. As., 1972.

SHILDER, *Tratado de psicoterapia.* Ed. Paidós, 1965.

SHILDER, *Imagen y apariencia en el cuerpo humano.* Ed. Paidós, 1958.

SCHNEIDER, K., *Personalidades psicopáticas,* Ed. Morata, Madrid, 1965.

SELLIG, E., *Tratado de criminología.* Instituto de Estudios Políticos, Madrid, 1958.

SOLOMÓN, P., *Manual de psiquiatría.* Ed. Manual Moderno Mexicano, 1972.

SOLÍS QUIROGA, H., *Sociología criminal.* Ed. Porrúa, 1977.

SPROTT, W., *Grupos humanos.* Ed. Paidós, 1974.

STAFFORD, C., *Psiquiatría moderna.* Ed. Paidós, 1968.

STONE y CHURCH, *Psicología y psicopatología del desarrollo.* Ed. Paidós, Buenas Aires, 1970.

SYKES, *El crimen y la sociedad.* Ed. Paidós, Buenas Aires, 1961.

SZASZ, *Psicología del drogadicto.* Ed. Alonso, Buenas Aires, 1962.

TOCAVEN, R., "Juventud, violencia y parasociabilidad", *Revista Criminología.*

TORRES RUIZ, *Manifestaciones clínicas de los usadores y abusadores en volátiles inhalables.* Cuadernos Cemef, 1975.

VILLEGAS VALDEZ, E., "El expediente clínico criminológico", *Rev. Criminología,* Estado de México, 1978.

VÉLEZ, C., y VÁSQUEZ, R., "La educación penitenciaria en México", *Rev. Criminología,* 1980.

VON HENTING, H., *Criminología.* Ed. La Fuente, 1948.

WERTHAN, *Psicología de un crimen.* Ed. Paidós, 1956.

ZAC, Joel, *Psicopatía.* Ed. Kargierman, Buenos Aires, 1973.

Esta obra se terminó de imprimir y encuadernar
el 20 de agosto de 2019 en los talleres de
Castellanos Impresión, SA de CV
Ganaderos 149, col. Granjas Esmeralda,
09810, Iztapalapa, Ciudad de México